欧
亚
备
要

主办：中国社会科学院历史研究所内陆欧亚学研究中心

主编：余太山　李锦绣

敕勒与柔然

（增订本）

周伟洲　著

商务印书馆
创于1897
The Commercial Press

图书在版编目（CIP）数据

敕勒与柔然 / 周伟洲著. —增订本. —北京：商
务印书馆，2022
（欧亚备要）
ISBN 978-7-100-21086-7

Ⅰ.①敕… Ⅱ.①周… Ⅲ.①古代民族－民族历史－
研究－中国②柔然－民族历史－研究 Ⅳ.①K289

中国版本图书馆CIP数据核字（2022）第070869号

敕勒与柔然
（增订本）

周伟洲 著

商 务 印 书 馆 出 版
（北京王府井大街36号 邮政编码 100710）
商 务 印 书 馆 发 行
三河尚艺印装有限公司印刷
ISBN 978 - 7 - 100 - 21086 - 7

2022年9月第1版 开本 710×1000 1/16
2022年9月第1次印刷 印张 12 1/4 插页 1

定价：68.00元

编者的话

《欧亚备要》丛书所谓"欧亚"指内陆欧亚（Central Eurasia）。这是一个地理范畴，大致包括东北亚、北亚、中亚和东中欧。这一广袤地区的中央是一片大草原。在古代，由于游牧部族的活动，内陆欧亚各部（包括其周边）无论在政治、经济还是文化上都有了密切的联系。因此，内陆欧亚常常被研究者视作一个整体。

尽管司马迁的《史记》已有关于内陆欧亚的丰富记载，但我国对内陆欧亚历史文化的研究在很多方面长期落后于国际学界。我们认识到这一点并开始急起直追，严格说来是在20世纪70年代末。当时筚路蓝缕的情景，不少人记忆犹新。

由于内陆欧亚研究难度大，早期的研究者要克服的障碍往往多于其他学科。这也体现在成果的发表方面：即使付梓，印数既少，错讹又多，再版希望渺茫，不少论著终于绝版。

有鉴于此，商务印书馆发大愿心，选择若干较优秀、尤急需者，请作者修订重印。不言而喻，这些原来分属各传统领域的著作（专著、资料、译作等）在"欧亚"的名义下汇聚在一起，有利于读者和研究者视野的开拓，其意义显然超越了单纯的再版。

应该指出的是，由于出版时期、出版单位不同，尤其是研究对象的不同，导致诸书体例上的差异，这次重新出版仅就若干大的方面做了调整，其余保持原状，无意划一，借此或可略窥本学科之发展轨迹也。

愿本丛书日积月累，为推动内陆欧亚历史文化的研究起一点作用。

余太山

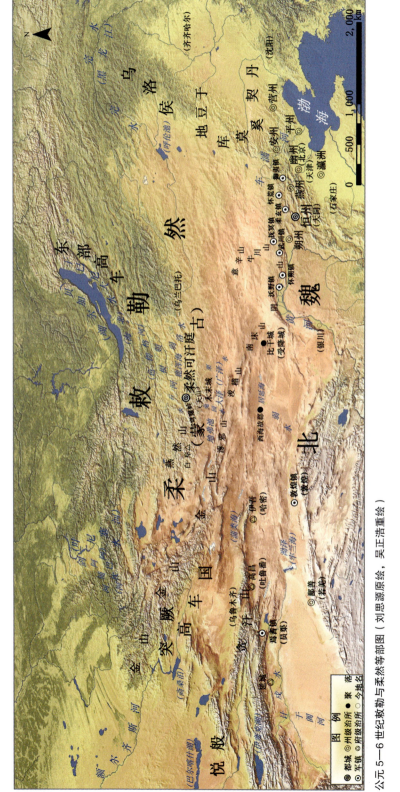

公元 5—6 世纪敕勒与柔然等部图（刘思源原绘，吴正浩重绘）

前　言

公元 4 世纪末至 6 世纪中，活动于中国大漠南北和西北广大地区的民族，继匈奴、鲜卑之后，主要就是敕勒和柔然。这两个古代民族，不仅对中国北方和中亚产生过较大的影响，而且也是历史上形成的中华民族的组成部分。他们的历史也是中国历史的一个部分。因此，研究他们的历史，就成为中国史学工作者义不容辞的任务。

可是，关于这两个古代民族，除了中国历史文献有一些简约的记载外，其他各种资料（包括文物考古、外国资料）寥寥无几。这给研究他们历史的工作带来了极大的困难。截至目前，国内对他们的研究，还十分薄弱，甚至远远落后于对匈奴、鲜卑、突厥等古代民族的研究。这种情况不应长期继续下去。

敕勒和柔然主要活动在 4 世纪末至 6 世纪中，这正是中国历史上处于十六国、南北朝分裂割据的时期。在南方，先后有东晋、宋、齐、梁、陈等政权；在北方，先后有十六国，北魏，东、西魏，北齐，北周等政权。其中北方各政权，大都是由鲜卑、匈奴、羯胡、氐、羌等兄弟民族建立的。我们所要讨论的敕勒和柔然，在这一时期内也建立过自己的政权。

公元 388 年，早已入居黄河流域的敕勒（丁零）翟辽，曾在今河南滑县建立"魏"政权，史称"翟魏"，存在约 4 年，于 392 年为后燕所灭。487 年，在漠北受柔然统治的敕勒（高车）副伏罗部阿伏至罗等，脱离柔然，西迁至今新疆北部阿尔泰山一带，建立了一个"高车国"（或称"阿至罗国"、"阿伏至罗国"），一共存在了 54 年，后被柔然所灭。

柔然自 402 年摆脱北魏的统治后，在漠北建立了一个强大的政权。其最盛时疆域，北达贝加尔湖，西至新疆北部，东到朝鲜之西，南隔戈壁与当时北魏相接。柔然政权存在时间最长，约一个半世纪之久。最后，为其奴役的突厥部所灭。

敕勒与柔然所建政权的性质，完全同这一时期国内其他割据政权的性质一样，都是中国历史上暂时处于分裂时期的产物。自秦以来，中国就逐渐形成一个统一的多民族封建国家。统一的多民族封建国家在形成和发展的过程中，短时期出现分裂，形成一些少数民族的地方政权或割据政权，是常有的现象。敕勒所建的"翟魏"、"高车国"及柔然在漠北所建的政权，都是中国统一的多民族国家暂时分裂时形成的割据政权。它们不仅在政治上与内地政权有一定的臣属关系，而且在经济和文化等方面都有密不可分的联系。这种情况的产生，是自秦、汉以来历史发展的必然结果。最后，随着这种情况的发展，又必然导致隋唐时期大一统的出现。因此，研究敕勒、柔然与内地之间相互依存、相互影响的关系，就有了十分重要的意义。这也就是本书试图探讨的主要问题之一。

中国古代民族的族源、迁徙和各民族之间的相互融合，是研究民族历史十分重要的问题。敕勒和柔然都是中国历史上古老的民族。在历史文献中，可以把他们的族源和早期活动，追溯到公元前5至前4世纪。以后的七八百年时间，我们都可以从文献上找到他们活动的踪迹。到4世纪末至6世纪中，他们更是活跃在黄河以北，包括蒙古草原的广大地区，与汉、鲜卑、匈奴以及西域各族人民发生了密切的关系。有数十万在漠北的敕勒和柔然人，因各族统治者之间的相互战争或其他原因，迁徙到了漠南或内地。在北方各政权统治者的压迫、剥削下，他们曾不断地掀起反抗压迫的斗争，在历史上写下了光辉的一页。同时，他们当中有很大一部分与内地的汉族或汉化了的鲜卑族错居杂处，最后均融合到汉族之中。

敕勒和柔然及其所建的政权，还对中国西北及中亚等地产生过较大的影响。

漠北的敕勒曾在5世纪80年代迁徙到今新疆北部，建立了政权，一度控制了高昌、焉耆、鄯善等地，引起当地人民的迁徙。这可算是属突厥语族的民族（敕勒）进入中国西北地区较早的一次。而大批入居漠南和内地的敕勒人，不仅积极参与了当时北方历次政治斗争，而且同其他民族一起建设了漠南地区，使中国漠南之地畜牧经济获得了迅速的发展。

至于柔然，由于他建立的政权时间长，实力雄厚，因而对中国北方以及中亚的影响更为巨大。柔然政权继承了漠北地区自匈奴、鲜卑以来的政治、经济和文化的传统，并吸取了中原地区先进的文化，把漠北地区历史发展向前推进了一步。柔然的一些政治制度，为以后崛起于中国西北及中亚的突厥所继承。蒙古草原佛教文化的传播，可以说首先是从柔然时代开始的。柔然对原居住于中国西北及中亚的嚈哒（滑国）、乌孙、大月氏等的进攻和压迫，迫使他们南移或西迁，影响所及，直达中亚，波及东欧。

此外，作者根据现有的资料，对敕勒、柔然的政治、经济、意识形态和社会制度提出了一些粗浅的看法。由于作者学识有限，书中错误和不妥之处甚多，望专家和读者指正。

现承蒙余太山先生推荐，商务印书馆将此书列入《欧亚备要》丛书之中。尽管此书自 1983 年由上海人民出版社出版，距今已有 35 年，中外学术界有关柔然的研究又有了新的突破和发展，但限于笔者已近耄耋之年，精力有限，故除个别地方加注说明外，余皆保存原书之内容和结构，不再增补。只增加近年所撰《新出土柔然王族墓志汇释》一文及林幹先生对拙著的书评作为附录。此外，按丛书体例，增加了"主要参考文献"和"索引"。

周伟洲

2018 年 3 月于陕西师范大学

目　录

敕勒篇

柔然篇

敕勒篇

第一章　敕勒的称谓、起源及其向黄河流域的发展

一、敕勒的称谓及其变化

魏晋南北朝时期，活跃在中国北部和西北部的少数民族中，属阿尔泰语系突厥语族的敕勒占有十分重要的地位。

敕勒之名最早见于《晋书》卷 97《北狄传》，内记晋太康年间（280—289），漠北有十九种部落迁入塞内居住。其中就有"赤勒"种。赤勒即敕勒，赤、敕同声异字。又同书卷 110《慕容儁载记》也记：前燕光寿元年（357），慕容儁曾遣慕容垂等，"讨丁零、敕勒于塞北"，后又云："塞北七国贺兰、涉勒（即敕勒）等皆降。"《魏书》、《北齐书》、《周书》、《北史》等史籍对敕勒均有记载，且有时写作"勅勒"、"勒勒"。不仅如此，《魏书》还将敕勒一名与古代的赤狄、丁零，以及北朝出现的高车等名联系在一起。可见，敕勒一名在魏晋南北朝时期最为复杂，它反映了当时各族对敕勒族的不同称谓。因此，要研究 4—6 世纪敕勒的历史，首先必须弄清敕勒的称谓及其变化，即找出不同时期各个民族对他的不同称谓。

关于这个问题，《魏书》卷 103《高车传》有一段十分重要的记载：

> 高车，盖古赤狄之余种也。初号为狄历，北方以为勅勒，诸夏以为高车、丁零。其语略与匈奴同而时有小异，或云其先匈奴之甥也。

众所周知，《魏书》卷 103 原缺，此系宋人据《北史》卷 98《高车传》补成。现存《北史·高车传》此句为："高车……初号为狄历，北方以为高

车、丁零。"据《通典》卷 197、《通志》卷 200 "高车"的一段文字与《魏书·高车传》相同的情况看，今本《北史》在"北方以为"下脱"敕勒，诸夏以为"六字①。正因为有上述情况，所以至今有人对《魏书·高车传》这段记载加以怀疑，也有人因对这段文字理解不同，而产生歧义。

要证明上引《魏书·高车传》这段文字是否正确，首先应检验我们对这段文字的理解，与汉文史籍的记载是否一致。根据文意，《魏书》是把高车、赤狄、狄历、敕勒、丁零统视为一个民族。而且以为，这些不同的名称，是因时代和各民族对他的称谓不同而产生的。赤狄，是公元前 3 世纪以前，汉文史籍对居住在今河北、山西、陕西北部，属阿尔泰语系各部落的称呼；狄历，是敕勒自己的"初号"；勑勒（即敕勒，勑又同敕），是居住在"北方"的民族对他的称呼；高车、丁零，则是"诸夏"各族对他的称呼。

所谓"北方"，在南北朝时应指塞外鲜卑、柔然等族聚居之地。《魏书》卷 44《孟威传》说："孟威，字能重，河南洛阳人。颇有气尚，尤晓北土风俗。……后以明解北人之语，敕在著作，以备推访。"文中所说的"北土"、"北人"，显然就是上述的"北方"，即指居住在塞北的柔然、鲜卑、敕勒等族及其居住的地方。

"诸夏"，据我的理解，系指自古以来称为华夏的汉族。在南北朝时期，诸夏（诸华夏族）不仅指南朝的汉人，而且也指北朝的汉人和汉化了的鲜卑等。他们称敕勒为高车或丁零。据《魏书》的用例可知：南朝的汉族只称敕勒为"丁零"，而不用"高车"之名；北朝汉族及汉化了的鲜卑等则用"高车"之名。关于"高车"一名的来源，应是由于北朝人看见草原的敕勒人有一种高轮车，与内地车不同，因其"车轮高大，辐数至多"②，所以称他们为"高车"。《新唐书》卷 217 上《回鹘传上》记叙原属敕勒一支的回纥（北魏时称"袁纥"）时说："回纥……俗多乘高轮车，元魏时亦号高车部，或曰敕勒，讹为铁勒。"

根据上述理解，参照汉文史籍，两者基本一致。在北朝史书里，把敕

---

① 《北史·高车传》脱文，早为清代学者指出，见王鸣盛《十七史商榷》卷 68 "高车脱文"。又中华书局 1974 年标点本《北史》，即将"敕勒，诸夏以为"六字补入。

② 《魏书》卷 103《高车传》。

勒主要称为高车，并立有专传。这反映了北朝人对这个民族的主要称谓是高车。在南朝史书，如《宋书》、《南齐书》、《梁书》、《陈书》等中，就未发现有"高车"之名，而且对在北朝史书中写作"高车"族的，却一律用了"丁零"之名。如《南齐书》卷59《芮芮虏传》记载了南齐益州刺史刘悛"遣使江景玄使丁零，宣国威德。道经鄯善、于阗，鄯善为丁零所破，人民散尽。……丁零僭称天子，劳接景玄，使反命"。此云之丁零，正是《魏书·高车传》所记从柔然分离出来的高车副伏罗部。这部分高车部落当时在今新疆北部曾建立一个政权，史称"高车国"。

可是，在《魏书》等北朝史籍中，敕勒、高车、丁零之名均见于各纪传。既是一族，为什么名称又不统一呢？这正是那些对上述《魏书·高车传》一段文字产生怀疑的主要原因。其实，如果真正理解了上述关于《高车传》一段文字的含义，这个疑问是可以迎刃而解的。敕勒一名既然是塞北各族对这个民族的称呼，高车是北朝汉人和汉化了的鲜卑对这一民族的称呼，那么作为已经汉化了的北魏鲜卑族统治阶级，对上述两个名称都应该是熟悉的。因此，反映在《魏书》中，敕勒、高车之名均出现在文中，而且两者互通的例子比比皆是。唯一的例外是该书卷28《古弼传》所记："世祖（拓跋焘）使高车敕勒驰击定（赫连定）。"（神䴥三年事）此将敕勒与高车并列，似乎两者非一族，有的学者由此而以为敕勒为高车之一部，上文意应为"使高车之敕勒击定"①。高车与敕勒并记的例子，在《魏书》及北朝史籍中仅此一例，且与《魏书·高车传》记载相左。同时，从《魏书》记载中大量高车与敕勒互通的例子里，并不能得出敕勒是高车之一部的结论。产生这种错误的原因，是误解了《魏书》作者在记叙敕勒族历史时，是以高车之名为主，有时又用敕勒一名的缘故。

其次，《魏书》等北朝史籍所记之"丁零"，实指在东晋十六国之前，早已入居黄河流域的敕勒族。上已叙及，南朝的汉人直至南北朝时，仍称此族为丁零。显然，北魏人是沿用了汉族对早已入居内地这部分敕勒族的称谓。因此，在《魏书》中，十分明显地将早已入居内地的敕勒称为丁零；而将塞

---

① 岑仲勉：《突厥集史》下册，中华书局1958年版，第681—682页。

外或者在十六国以后由塞外迁入塞内各地的敕勒称为高车或敕勒。这也就不难理解，敕勒之名为什么会首先出现在西晋太康年间塞外各族大量迁入内地的时候了。

此外，还有的学者根据《魏书》有把高车、丁零并列的记载①，否认丁零与高车为异名同族，或谓丁零是高车所役属的一部②。如果理解了《魏书》对丁零一名的用例，知道书中所指的丁零，仅是早已入居内地的敕勒。那么，对于书中出现高车、丁零并列的情况，就不会产生疑问了。

《魏书·高车传》还说，敕勒、高车或丁零，"盖古赤狄之余种也"。赤狄，是春秋时，中原各国对今河北、山西、陕西北部一种少数民族的称谓。据王国维的考证，春秋时的北狄（包括赤狄、白狄、长狄和其他的狄），即是殷周甲骨文所记的鬼方，为隗氏之狄。③《国语》、《春秋》等先秦古籍记载北狄的姓氏，又有翟氏、甲氏、洛氏、潞氏（又作"路氏"）、仇由氏、皋落氏、鲜虞氏等。在古代，翟与狄字相通，唐代林宝《元和姓纂》卷 10 二十陌"翟氏"条下云："黄帝之后，代居翟地。《国语》云，为晋所灭。"据此，可知翟氏最早应是春秋时北狄之后裔，以种族名为姓氏。鲜虞氏，在春秋时曾建中山国（在今河北定州、晋县一带），后被赵国所灭。以上这些在春秋时称为狄的大姓，却在八百年之后的五胡十六国南北朝时，以丁零的族名，活动在黄河流域原北狄聚居的地区。其中最多的是翟氏④，其次是鲜于氏⑤、洛氏⑥、路氏⑦等。

根据这种情况，有许多学者早已指出：春秋时期的赤狄或其他的狄与后

---

① 如《魏书》卷 3《太宗纪》云："（泰常）三年（418）春正月丁酉朔，帝（拓跋嗣）自长川诏护高车中郎将薛繁率高车丁零十二部大人众北略……"

② 冯承钧：《高车之西徙与车师鄯善国人之分散》，《辅仁学志》1942 年第 11 卷第 1、2 合期；周连宽：《丁零的人种和语言及其与漠北诸族的关系》，《中山大学学报》1957 年第 2 期等。

③ 王国维：《鬼方昆夷猃狁考》，《观堂集林》卷 13，中华书局 1959 年版。

④ 如《晋书》卷 123《慕容垂载记》记有丁零翟斌及其兄子翟真，真从弟翟成等。《魏书》卷 2《太祖纪》有"丁零帅翟同"，"丁零帅翟都"，同书卷 30《周几传》所记之"叛胡翟猛雀"等。

⑤ 鲜于即鲜虞，同声异字。《晋书》卷 123《慕容垂载记》记有丁零翟真的司马，名鲜于乞，翟成长史鲜于得。此虽未明言鲜于氏系丁零，但《魏书》卷 2《太祖纪》则明言有"丁零鲜于次保"；同书卷 4《世祖纪上》又有"定州丁零鲜于台阳"等。可知鲜于氏为丁零。

⑥ 如《魏书》卷 3《太宗纪》曾记载"西山丁零翟蜀、洛支"等。

⑦ 《资治通鉴》卷 108"晋孝武帝太元十七年六月"条记，丁零翟斌起兵反前秦，有"阳平路纂"来投奔。阳平，今河北馆陶，十六国时是丁零活动地区，疑路纂为汉化之丁零人。

来的丁零本是一族①，即是说，高车、丁零、敕勒同古代的赤狄是同族异名。如果从姓氏上来考察，还可以找到北朝人称之为高车族的姓氏，与赤狄、丁零姓氏的关系。如《魏书·高车传》记："其种有狄氏……"狄氏即翟氏，也就是春秋时的赤狄、南北朝时丁零的大姓。可见，《高车传》说，"高车，盖古赤狄之余种也"一句，是有根据的。

国内外有许多研究者还企图进一步从语源上来证明上述结论。如日本的志田不动麿、小野川秀美等。②在我国，马长寿先生也认为：所谓狄、狄历、丁零、敕勒及隋唐时期的铁勒、突厥等名称，其语源皆是突厥语"Türk"一词翻译来的。"Türk"在突厥语有"强力"或"气力"之意，其复数为"Türküt"。只是因为他的自称或其他民族对他称呼的差异，翻译在汉文上而略有不同。③这样，就把上述的赤狄、狄历、丁零、敕勒、突厥等名称统一起来，说明它们是各个不同时期各个民族对属突厥语族民族的称呼。这种看法，无疑是解决不同时期汉文史籍对居住于蒙古草原及其周围的属阿尔泰语系突厥语族的民族复杂称谓的钥匙。

综上所述，关于敕勒的称谓及其变化，我们可以总结为以下三点：

1. 赤狄、狄历、敕勒、高车、丁零，乃是汉文史籍在不同的时代所反映的各个民族对敕勒族的称谓。赤狄，是春秋时汉文史籍对该族的称谓；狄历，是该族的自号；敕勒，是西晋初年以后，塞外各民族对他的称谓；高车，是北朝人（包括北朝的汉人和汉化了的鲜卑等）对他的称谓；丁零，是很早以来汉族对他的称谓。

2. 在南北朝时期，北朝人只把十六国之前迁入内地居住的敕勒族称为丁零，其余称为高车或敕勒。南朝人则把北朝人称为高车、敕勒或丁零的民族，统称为丁零，不加区别。

---

① 马长寿：《北狄与匈奴》，生活·读书·新知三联书店 1962 年版，第 1—2 页；姚薇元：《北朝胡姓考》，中华书局 1962 年版，第 310—314 页。

② 志田不動麿：《敕勒の内徙に就いて》，《蒙古學》第壹冊，善隣協會發行，1937 年；小野川秀美：《鐵勒の一考察》，《東洋史研究》1940 年第 5 卷第 2 號。

③ 马长寿：《北狄与匈奴》，第 1—2 页；《突厥人和突厥汗国》，上海人民出版社 1957 年版，第 1—2 页。又白鳥庫吉《匈奴起源考》说："丁灵、丁零与狄历、敕勒、铁勒为同名异译，皆系蒙古语 tegre，terege 之音译，译义曰车。"文载《史學雜誌》1923 年第 18 期。此又可备一说。

3.丁零、狄历、高车、敕勒、铁勒等名，均是古代各族人民对属阿尔泰语系突厥语族的民族的统称或泛称。只是在一定的历史时期和一定的历史条件下，有的名称才是专指其中一部分。

为了叙述的方便，本书选择了上述诸名中的"敕勒"，作为该族族名，其余名称除在适当地方注明外，不再重复上述结论。

二、敕勒的起源及其向黄河流域的迁徙

敕勒、丁零既然是同族异名，那么古代丁零的历史，也就是敕勒早期的历史。因此，要搞清出现于 4 世纪至 6 世纪名为敕勒族的起源及其早期的历史，必然追溯到古代的丁零，甚至赤狄。

丁零，古音读作颠连[1]，应即他们所自号的狄历。此名最早正式见于《史记》卷 110《匈奴列传》，内记：匈奴冒顿（mò dú）单于"后北服浑庾、屈射、丁零、鬲昆、薪犁之国"。匈奴自公元前 3 世纪后期冒顿单于时，开始进入极盛时期，先后征服了蒙古草原东边的东胡，击走西边的月氏，南并楼烦、白羊河南王。后又征服北边的丁零等部，建立了一个庞大的奴隶制政权。根据《史记·匈奴列传》推测，匈奴征服丁零约在公元前 3 世纪末。[2]也就是说，在此之前，丁零就早已存在，其居地大致在匈奴的北边。又《汉书》卷 54《苏武传》说，苏武出使匈奴，被置于北海，牧羊为生，有"丁令盗武牛羊"。《山海经》卷 18《海内经》也记："北海之内有山名曰幽都之山……有钉灵之国，其民从膝已下有毛，马蹄善走。"[3]丁令、丁灵、钉灵，均丁零之异写，北海即今贝加尔湖。

从上引资料看，丁零的原始居地应在今贝加尔湖一带。但是，随着中原汉族对蒙古草原及中亚地区的了解，到曹魏时（公元 3 世纪），汉文史籍中，对丁零的分布情况有了新的认识，知道在贝加尔湖一带有丁零（所谓"北丁

---

① 耶律铸：《双溪醉隐集》卷 5 诗《丁零》二首自注，四库全书本。
② 王日蔚：《丁零民族史》，《史学集刊》1936 年第 2 期。
③ 《尚书大传》也有关于丁零的记载："北方之极有丁零，北有积雪之野……"（陈寿祺《尚书大传辑校》、《洪范五行传》）此恐后人辑入，暂附此。

零”）外，在今新疆西北额尔齐斯河西一带还有丁零（所谓“西丁零”）①，且云：西丁零“胜兵六万人，随畜牧，出名鼠皮，白昆子、青昆子皮”②。这两地的丁零中间隔了一个在阿尔泰山以北、叶尼塞河上游游牧的坚昆。有人推测说，可能是贝加尔湖一带的北丁零向西迁徙到汉代乌孙之北，形成西丁零。③也有人认为，北、西丁零实际上是一个，都是蒙古草原至中亚之一庞大的民族，“二者实二而一者也”④。从中原汉族在隋唐时对蒙古草原和中亚各民族进一步了解后的情况看，后一种看法可能较正确。因为隋唐时，汉文史书把敕勒（丁零）称为铁勒，而且说铁勒分布极广，“自西海（今里海）之东，依据山谷，往往不绝”⑤。其所举铁勒诸部的居地，就包括上述两种丁零居地在内。因此，更确切地说，敕勒的原始居地应在今贝加尔湖及其西，直到今锡尔河北一带。与中国内地发生关系最早，且最为密切的应为游牧在贝加尔湖一带的丁零。

从文献上看，丁零的原始居地在今贝加尔湖及其西，这一结论也为苏联考古发掘资料所证明。据苏联发表的部分考古资料，今贝加尔湖、叶尼塞河中上游一带，远在旧石器时代就有了人类居住的遗迹。在贝加尔湖一带发现的新石器遗址中，出土了许多磨制的石器、骨器、石镞和弓，鱼钩、渔网和鱼叉也有发现。说明到公元前5000—前1000年初，当时那里的人们除狩猎外，也发展了渔业。⑥

值得注意的是，苏联在叶尼塞河上游地区发掘了一系列被称为“卡拉苏克文化”（因米努辛斯克附近的卡拉苏克河而得名）的青铜时代遗址。这种文化约属公元前12—前7世纪，即相当于内地殷商晚期、西周和春秋初期。遗址分布很广，东边达贝加尔湖一带，大部分是墓葬，比较集中，反映出这

---

① 《三国志·魏志》卷30注引《魏略·西戎传》说，西丁零在“康居北”。三国时，康居在乌孙西，位于今锡尔河流域，其北当在额尔齐斯河西一带。

② 《三国志·魏志》引《魏略·西戎传》。

③ 内蒙古自治区蒙古语言文学历史研究所历史研究室、内蒙古大学蒙古史研究室编：《中国古代北方各族简史》，内蒙古人民出版社1977年版，第65页。

④ 王日蔚：《丁零民族史》，《史学集刊》1936年第2期。

⑤ 《隋书》卷84《铁勒传》。

⑥ 蒙盖特：《苏联考古学》，莫斯科，1955年，第86—88页；苏联科学院、蒙古人民共和国科学委员会合编：《蒙古人民共和国通史》，中译本，科学出版社1958年版，第41—46页等。

时候人口比原来大大增加了。经济上起主要作用的是畜牧业，特别是养羊业。苏联考古学家根据卡拉苏克文化遗址中出土的青铜器（如曲柄青铜刀、青铜短剑等），与中国北部内蒙古、山西、陕西一带同类器物相似的特点，以及当地居民从人种学上混杂了蒙古人种的特征等因素，认为这里人口突然增长，是因为有大批的中国北部的部落从东边迁到这里。①

卡拉苏克文化在公元前 8 世纪左右逐渐被塔加尔文化（由米努辛斯克附近叶尼塞河中塔加尔岛得名）所代替。塔加尔文化一直延续到公元前 2 世纪。据发掘资料表明，约在塔加尔文化的中期（公元前 4—前 3 世纪），铁器已经开始使用，居民主要从事定居的农业，也在一定程度上兼营畜牧。他们的居处，从米努辛斯克附近的博雅雷山岩画中可看出，是一些原木房屋和草泥屋，草顶，屋内设有炉灶。画的边缘画有一座钟形的毡子帐篷，四周画着走动的山羊群和鹿群。有的地区畜牧业仍占优势，如峭壁上往往刻有大群的牛、马和羊的图形。根据墓葬中经常会发现马具来判断，养马业的意义加强了。塔加尔人的墓葬通常是一个家庭合葬，其中男尸一具、女尸一具或两具，有的死者身上的装饰品很多，身旁放置有兵器和工具。这说明当时居民已进入一夫一妻制的原始社会末期。氏族之间的战争也多起来，这从早期墓葬中，全部男子都带有武器，许多妇女也用短剑和战锤武装起来的情况可以看出。②

许多苏联考古学家认为，上述的卡拉苏克文化或塔加尔文化，就是汉文史籍中所记载的"丁零"。③

根据上述汉文史籍，春秋时居住在今河北、山西、陕西北部一带的赤

---

① 蒙盖特：《苏联考古学》，第 141 页；吉谢列夫：《南西伯利亚古代史》，莫斯科，1951 年，第 182 页；奥克拉德尼科夫：《西伯利亚考古三百年及其今日》，《西伯利亚和远东历史问题论文集》，1961 年，第 20 页；等等。对于这个结论，今日苏联一些学者如奥克拉德尼科夫，开始否认卡拉苏克文化受中国北部古代文化影响的事实（见奥克拉德尼科夫：《西伯利亚考古学——昨天、今天和明天》，苏联《历史问题》1968 年第 5 期）。苏联"历史学家"瓦西里耶夫竟然认为：中国殷代青铜文化的形成，有来自南西伯利亚卡拉苏克文化的成分在内（《古代中国文明的起源》，苏联《历史问题》1974 年第 12 期）。

② 蒙盖特：《苏联考古学》，第 162—163 页；阿尔茨霍夫斯基：《考古学通论》，中译本，科学出版社 1956 年版，第 130—132 页；等等。

③ 关于这个问题，苏联考古界也有两种意见：阿尔茨霍夫斯基、蒙盖特等认为塔加尔文化可能是汉文史籍中的"丁零"（见《考古学通论》，中译本，第 134 页；《苏联考古学》，第 164 页）；吉谢列夫等以为卡拉苏克文化即汉文史籍中所说的"丁零"之结盟（见吉谢列夫：《吉谢列夫讲演集》，中译本，新华书店 1950 年版，第 81 页等）。

狄，及赤狄的前身——殷时的鬼方，与贝加尔湖一带的丁零是异名同族。从苏联考古发掘资料来看，这一结论目前虽然还不能完全得到证实，但是也可以找到一些线索。

新中国成立以后，中国考古工作者在今陕西、山西北部的绥德、石楼、保德、忻县等地，发掘了一批殷代晚期的遗址，出土的青铜器中有一部分就与典型的卡拉苏克文化的青铜器相似。特别是曲柄青铜刀，不论从形式、制作都大致相同。而另一部分青铜器，如簋、壶、觚、鼎、爵等，又与殷代晚期典型的同类器物相似。[①] 这一带是殷周时鬼方活动的地区，出土的青铜器表明：这一地区的文化与贝加尔湖西的卡拉苏克文化有一定的亲属关系。不仅如此，我国长城内外、蒙古草原出土的青铜器均与卡拉苏克文化的青铜器相似。而且在人种类型上我国北部的古代居民（包括赤狄）与卡拉苏克文化的古代居民也十分相似。[②] 这些事实都说明我国文献所说的赤狄、丁零是同族异名，基本上正确。

到公元前 3 世纪末，匈奴族崛起于蒙古草原。匈奴冒顿单于建立了一个庞大的奴隶制政权，政治中心也由漠南阴山（今内蒙古阴山山脉）北头曼城，迁至漠北安侯水（今蒙古国鄂尔浑河）东侧今和硕柴达木湖附近。丁零被征服后，即处于匈奴奴隶制政权的统治之下。匈奴奴隶主对丁零的压迫和剥削，同对其他被征服的东胡、西域各国一样，是十分残酷的。《汉书》卷54《李陵传》曾记，匈奴单于封卫律为“丁灵王”，统治丁零族。同时，还将一部分丁零人掠回，充当牧奴。这部分奴隶，匈奴人称之为“赀”。[③]

在匈奴奴隶主的残酷统治下，丁零与东胡的乌桓、鲜卑及西域各国等被征服的各族人民一起，多次掀起了反抗匈奴的斗争。据中国史籍记载，在公元前 200 年至公元 100 年间，丁零曾经进行过三次大规模的反抗斗争。最后一次是在东汉章帝元和二年（85），《后汉书》卷 89《南匈奴列传》记载这次

---

① 见《陕西绥德墕头村发现一批窖藏商代铜器》，《文物》1975 年第 2 期；《山西石楼县二郎坡出土商周铜器》，《文物参考资料》1958 年第 1 期；《保德县新发现的殷代青铜器》，《文物》1972 年第 4 期；《忻县连寺沟出土的青铜器》，《文物》1972 年第 4 期等。

② 见上述蒙盖特、吉谢列夫等人著作及苏联科学院、蒙古人民共和国科学委员会合编：《蒙古人民共和国通史》，中译本，第 48 页等。

③ 《三国志·魏志》卷 30 注引《魏略·西戎传》。

斗争说："时，北虏（指北匈奴）衰耗，党众离畔，南部（指南匈奴）攻其前，丁零寇其后，鲜卑击其左，西域侵其右，不复自立，乃远引而去。"过了六年（91），北匈奴最后被东汉军队击败，一部分西逃，北匈奴的奴隶制政权最终瓦解了。

北匈奴西迁后，漠北草原除了残留的匈奴余部之外，再没有强大的政权，较为空虚。于是就发生了各族牧民的大迁徙，其主流是居住在东北的东胡乌桓、鲜卑等相继向西、向西南迁徙。其次，丁零也从贝加尔湖一带向南面的蒙古草原中部迁徙，有的部落可能已达今色楞格河中游一带。①

但是，丁零这种向南的大规模迁徙，很快就被公元2世纪崛起于蒙古草原以檀石槐为首的鲜卑军事大联盟所阻止。以檀石槐为首的鲜卑军事大联盟于东汉桓帝建和元年（147）统一了漠北草原，其所统治的范围："南钞汉边，北拒丁令，东却夫余，西击乌孙，尽据匈奴故地，东西万二千余里，南北七千余里，罔罗山川、水泽、盐地甚广。"② 所谓"北拒丁令"，一方面说明鲜卑军事大联盟没有征服丁零；另一方面也说明，丁零继续大规模南迁被阻止。

到东汉桓帝永康元年（167），檀石槐死后，鲜卑军事大联盟瓦解，漠北草原上形成了许多鲜卑集团，内也杂有丁零。直到3世纪初，史称"小种鲜卑"的轲比能逐渐强大，重新统一漠北，"尽收匈奴故地"③。然而，这种统一也是暂时的，到3世纪40年代，轲比能被刺杀后，鲜卑军事大联盟彻底瓦解。从此，鲜卑"种落离散，互相侵伐，彊者远遁，弱者请服"④。于是，丁零大规模向南迁徙有了可能。到4世纪中叶，丁零（敕勒）除了在贝加尔湖一带游牧（史称这部分丁零为"东部高车"）外，其中很大一部分已深入漠北草原的中心地区，以及漠南、黄河流域等地。关于这个问题，下面将详细论述。

从上述情况看，公元前3世纪至公元3世纪末，居住在贝加尔湖一带的丁零向南的迁徙，因匈奴、鲜卑先后统一漠北而受到阻碍。所以，丁零主要还是在蒙古草原的北部，《晋书》卷11《天文志上》仍称之为"北夷丁零、匈

---

① 上引《魏略·西戎传》记："明北海之南自复有丁零。"
② 《三国志·魏志》卷30注引王沈《魏书》，引文内"东西万二千余里"；《后汉书》卷90《鲜卑传》作"东西万四千余里"。
③ 《三国志·魏志》卷30《乌桓鲜卑东夷传·序》。
④ 同上。

奴"。但是，这并不排除这一时期内部分丁零部落向黄河流域的迁徙和发展。

1世纪初，就有一部分丁零出现在汉代的代郡（治今山西阳高）一带。《后汉书》卷90《乌桓传》记："及王莽篡位（公元9年），欲击匈奴，兴十二部军，使东域将严尤领乌桓、丁令兵屯代郡，皆质其妻子于郡县。"这些屯驻代郡的丁零是何时由何地迁此，已不可考。

到东汉建武年间（25—56），匈奴衰弱，一部分受匈奴役属的丁零和其他族的奴隶，从漠北逃亡到了今甘肃兰州、武威、酒泉以北，在居延海至黄河河套一带游牧。《魏略·西戎传》记：

> 赀虏，本匈奴也，匈奴名奴婢为赀。始建武时，匈奴衰，分去其奴婢，亡匿在金城、武威、酒泉北黑水（指流入居延海之弱水）、西河东西，畜牧逐水草，钞盗凉州，部落稍多，有数万，不与东部鲜卑同也。其种非一，有大胡（指西域胡），有丁令，或颇有羌杂处，由本亡奴婢故也。

又《三国志·魏志》卷15《张既传》记：在魏文帝初（约221年），"酒泉苏衡反，与羌豪邻戴及丁令胡万余骑攻边县"。这里所说的"丁令胡"，显然即是上叙匈奴赀虏之一部，居酒泉北面者。他们与羌豪邻戴一同起义，则与羌杂处是无疑的。以后，赀虏中的"丁令"可能有一部分迁到广魏（即曹魏广魏郡，治临渭，今甘肃天水东北）一带。根据十六国时期甘肃陇西一带有丁零翟氏及甘肃成县西北有"丁令溪"、"丁令谷"的记载①，可知这部分丁零有的可能东迁至陇西，南下到成县一带定居。

3世纪中叶以后，由于鲜卑军事大联盟的瓦解，有更多的丁零部落南迁入塞内。《晋书·北狄传》记太康年间入居塞内十九种部落中，"赤勒"种（丁零）就是其中之一。这部分入塞的丁零人数较多，可能就是十六国时聚居在河北北部中山、常山一带丁零的祖先。

此外，在今河北北部还有一部分丁零，可能是从中亚康居迁来的。《资

---

① 《晋书》卷125《乞伏国仁载记》；《水经注》卷20"漾水"、"丹水"条。

治通鉴》卷 94 "晋成帝咸和五年"条记："初，丁零翟斌，世居康居，后徙中国……"翟斌一族可能就是上面提到的在康居北面的西丁零，他们何时迁入内地，已不可考。

早期敕勒（丁零）为什么要不断向黄河流域迁徙？这种迁徙又有什么积极的意义？

敕勒起源于贝加尔湖一带，是中国最北面一个古老的民族。早在公元前两千多年前，他们就与中原的夏朝发生了关系。[①] 以后，随着中原黄河流域农业经济的发展，在这里先后形成了商、周奴隶制政权。而远在北方的丁零族，当时还处于原始社会的末期，他们的经济主要还是以游牧为主。这种情况一直延续了很长的时间。公元前 5 世纪末（春秋战国之际），中原地区逐渐由奴隶制社会转向封建社会，具有高度发展的农业、手工业和商业的封建帝国 —— 秦、汉相继建立。所以说，从古以来，中原地区先进的农业文化就吸引着蒙古草原的各游牧民族。他们总是希望用自己的牲畜（特别是马匹），从中原汉族那里换取粮食、布匹、丝绸和铁器。因此，蒙古草原及其周围的各游牧民族不可能不与中原地区发生密切的政治、经济等方面的联系。匈奴、鲜卑如此，丁零也不例外。

丁零虽然远在漠北的贝加尔湖一带，其间先后被匈奴、鲜卑所阻，不能顺利地与中原各王朝建立关系。但是，他们仍然不断地企图南下，采用各种方式与中原各王朝建立联系。如东汉建安十八年（213），汉献帝刘协在策命曹操为魏公的诏书里说："鲜卑、丁零，重译而至……此又君之功也。"[②] 显然，丁零是因曹操远征乌桓胜利后，远来内地，企图与东汉王朝建立政治和贸易关系。又《册府元龟》卷 968 也记：魏明帝太和五年（231）四月，"鲜卑附义王轲比能卒，其种人及丁零大人儿禅诣幽州贡名马"。所谓"贡名马"，无非是要进行贸易之意。正是首先为了与中原建立经常贸易关系，才促使丁零不断南迁。到十六国时，在内地形成了不少丁零聚居的地区。

---

① 何秋涛《王会篇笺释》引"禹四海异物"时说：北海（今贝加尔湖）地区的民族曾"会于中国"，是"夏成五服，外薄四海"之一。《周书·王会篇》虽然成书较晚，但它记载了许多远古传说，有一定的参考价值。

② 《三国志·魏志》卷 1《武帝纪》。中原骑马之术，是在殷周时，由狄传入。

　　早期敕勒不断地向黄河流域的迁徙，对中国历史产生了深远的影响。首先，它促使中原汉族与漠北丁零之间的关系加强。这种关系不仅包括两者经济、文化的交流，而且也包括两族的融合。[1] 当时，中原汉族的服饰也深受狄的影响。[2] 中原地区的牲畜有许多是经过狄传入的。至于中原先进的汉族文化对丁零（狄）的影响更为深远，以致使他们一批一批地融合到汉族之中。

　　其次，早期敕勒的南迁还促进了蒙古草原各族的交往和融合。1世纪末，北匈奴西迁后，丁零从贝加尔湖南下，与残留在蒙古草原的匈奴部落接触更为频繁，两者相互影响、相互融合。以致有的汉文史籍竟称敕勒（高车、丁零）的语言"略与匈奴同，而时有小异"，其族源"或云其先匈奴之甥也"。自2世纪中期鲜卑兴起后，丁零又逐渐与鲜卑发生密切关系，甚至有一部分丁零融合到鲜卑之中。五胡十六国时，在陇西建立西秦政权的乞伏鲜卑，就是3世纪左右敕勒与鲜卑族融合后的产物。[3] 早期拓跋鲜卑也融合了不少的丁零（高车）族，如纥骨氏（胡氏）、乙旃氏（叔孙氏）等。

三、五胡十六国时期敕勒的分布和翟魏政权的建立

　　4世纪初，中国进入了东晋十六国时期，在长江、淮河以北，匈奴、鲜卑、羯胡、氐、羌等兄弟民族先后建立了许多政权。各族统治阶级相互争伐，战争频繁，使北方的经济遭到严重的破坏，人民受到了空前的灾难。但是，这种分裂、混战却加强了各民族的迁徙和融合，形成了中国历史上黄河流域最大的一次民族融合的局面。

　　在十六国时期，敕勒虽然没有像匈奴、鲜卑、羯胡、氐、羌等五个民族（即所谓的"五胡"）那样建立了时间较长、地域较广的政权，但是他们仍然十分活跃。在很长一段时期内，他们作为匈奴、鲜卑、氐、羯胡统治阶级掠

---

[1]　顾炎武《日知录》卷29"骑"条等。

[2]　如《墨子·公孟篇》云："昔者晋文公大布之衣，牂羊之裘，韦以带剑，以治其国。"可见当时晋国着狄服者很多。

[3]　参见马长寿：《乌桓与鲜卑》，上海人民出版社1962年版，第32—33页；唐长孺：《魏晋杂胡考》，氏著：《魏晋南北朝史论丛》，生活·读书·新知三联书店1955年版，第435—439页。

夺的对象，受尽了压迫和剥削，掀起了一系列的反抗斗争。并于388—392年，在今河南北部建立了一个翟魏政权，旋即被后燕慕容垂所灭。

在叙述敕勒建立翟魏政权之前，先谈一谈4世纪初敕勒的分布情况。

上面提到3世纪末以前，早期敕勒向黄河流域发展、迁徙的情况。到4世纪初，由于蒙古草原很长一段时期没有形成统一的强大的部落联盟或国家，因此，原住于贝加尔湖一带的丁零继续南迁的阻力较少。他们由贝加尔湖的南部逐渐迁徙到蒙古草原的中心地 —— 鄂尔浑河、土拉河西北一带。《魏书·高车传》说：高车"后徙于鹿浑海西北百余里，部落强大，常与蠕蠕（柔然）为敌，亦每侵盗于国家（指北魏）"。鹿浑海，应即今蒙古国鄂尔浑河上游东侧的乌吉淖尔。[1] 其余留在贝加尔湖东部游牧的，史称"东部高车"[2]。敕勒何时迁至鹿浑海西北？史未明言。魏太祖拓跋珪第一次袭高车是在北魏登国四年（389）[3]，而更早在东晋兴宁二年（364）北魏昭成帝什翼犍就曾"讨高车，大破之，获万口，马牛羊百余万头"[4]。以此推断，高车南迁至鹿浑海西北，当在4世纪初。

除此而外，在长城内外，河北、山西、河南以及陇西等地还有许多敕勒。根据其分布情况，大致可划为三个聚居地区。

（一）在长城以北的广大地区，从黄河河套，经阴山，一直到代郡之北，都分布着许多敕勒部落。《晋书》卷110《慕容儁载记》记：前燕光寿元年（357），慕容儁"遣其抚军慕容垂、中军慕容虔与护军平熙等率步骑八万讨丁零敕勒于塞北，大破之，俘斩十余万级，获马十三万匹，牛羊亿余万"。由鲜卑贵族慕容氏所建的前燕，为了掠夺在塞北的敕勒人口和牲畜（特别是马匹），发动了这次大规模的掠夺战争。从俘获的人口及马匹等牲畜的数量来看，当时塞北的敕勒部落数量不少。更值得注意的是，文中将丁零与敕勒并列，显然这次掠夺的对象，不仅有塞北的敕勒，也包括居住在代郡附近的

---

① 有人认为鹿浑海指今新疆北布伦托海，此说误。见白鸟库吉：《东胡民族考》，方壮猷译，商务印书馆1934年版，第38页。又松田寿男认为："鹿浑是鄂尔浑河（Orkhon）的音译。"《古代天山の歴史地理学的研究》，早稻田大學出版部1970年增補版，第207页。

② 《魏书》卷4上《世祖纪上》。内云的"巳尼陂"即今贝加尔湖。

③ 《魏书》卷2《太祖纪》。

④ 《魏书》卷1《序纪》。

丁零。同书还记载：过了两年（359），"塞北七国贺兰、涉勒等皆降"。贺兰为匈奴部落[①]，涉勒即敕勒。可见，当时塞北民族较为复杂，共有"七国"，敕勒为其中之一。

又《晋书》卷130《赫连勃勃载记》记：勃勃的曾祖刘虎曾经被前赵刘聪封为"楼烦公"，"拜安北将军、监鲜卑诸军事、丁零中郎将，雄据肆卢川"。其祖刘豹子（务桓），曾为后赵"平北将军、左贤王、丁零单于"[②]。既然刘虎、刘豹子均封有"丁零中郎将"或"丁零单于"之称号，其所统治的地区一定有许多丁零部落。刘虎、刘豹子统治的地区在河套南朔方一带，肆卢川，当在今陕西榆林西北[③]，靠近河套。《晋书》卷111《慕容晲载记》还记载：前燕建熙三年（362），前燕慕容晲曾遣傅颜等"据河阴（今内蒙古、河北交界处张家口西、黄河南）"，"北袭敕勒，大获而还"。可见，在河套地区不仅有早已入居的丁零，也有迁到此处不久的敕勒部落。

在塞北阴山北也有许多为刚兴起的拓跋鲜卑（一作"托跋鲜卑"）役属的敕勒部落。前秦建元十二年（376），前秦苻坚进攻拓跋鲜卑什翼犍于塞北，什翼犍"乃率国人避于阴山之北。高车杂种尽叛，四面寇钞，不得刍牧。复度漠南"[④]。"高车杂种"，即敕勒部落。这些敕勒部落很可能是上述东晋兴宁二年什翼犍讨高车时所掳掠的人口。

上述塞北各地游牧的敕勒部落，居地分散，没有形成一个强有力的联盟。因此，有的为其他民族所统治，有的经常遭到在中原内地建国的鲜卑贵族的掠夺。

（二）在陇西、秦、凉一带也有敕勒聚居的地区。如前述东汉末年匈奴衰弱后，有一部分丁零奴隶逃到居延海至黄河之间，以后又向东、向南迁徙。这部分丁零因入居内地甚久，到十六国时，史书对他们的活动没有明确的记载，很可能已逐渐融合到当地的汉族或鲜卑之中。不过，我们还可以从其他的情况，间接地找到他们活动的踪迹。公元385—430年，在陇西一带

---

① 贺兰部应为匈奴部，说见姚薇元：《北朝胡姓考》，第32—38页。
② 据《资治通鉴》卷87记，刘聪封虎，是在前赵嘉平元年（311）；同书卷96记，后赵石虎封刘豹子是在后赵建武七年（341）。
③ 顾祖禹《读史方舆纪要》卷61记："肆卢川在榆林西北。"
④ 《魏书》卷1《序纪》。

建立了一个以陇西鲜卑乞伏氏为统治者的政权——西秦。陇西鲜卑是鲜卑与敕勒融合之后的民族。如乞伏国仁建立西秦时，其左相乙旃音埿、右相屋引出支；乞伏乾归时，西秦的冠军将军翟瑥（后为吏部尚书），主客尚书翟勔（后为相国），等等。[1] 乙旃氏是高车十二姓之一[2]，屋引氏也为高车姓[3]，至于翟氏（狄氏）更是敕勒的大姓。

又《晋书》卷129《沮渠蒙逊载记》称：蒙逊曾"袭狄洛磐于番禾（今甘肃永昌西），不克，迁其五百余户而还"。此狄洛磐当为敕勒狄氏，蒙逊袭其居地不克，可见这一带的敕勒狄氏人数众多，势力还是不小的。

上述这些敕勒，可能大部分是过去由蒙古草原逃到居延海至黄河一带的匈奴奴隶（"赀"）。史书在他们的姓氏之上未加"丁零"的字样，想必他们入居内地既久，与其他民族错居杂处，已逐渐失去了本民族的特点了。

（三）敕勒在内地最大的聚居地是在今河北、山西、河南一带，分布极广，主要以代郡、中山（治今河北定州）、常山（治今河北石家庄）和西山（今太行山）为中心。在今河南的敕勒（丁零）主要集中在今河南的新安、渑池一带。他们是前秦苻坚灭前燕后，从中山等地将丁零部落强迁去的。[4]

下面着重叙述聚居于河北、山西、河南一带丁零活动的情况，以及他们建立翟魏政权的经过。

晋建兴四年（316），聚居于中山的丁零，以翟鼠为首，掀起了反抗后赵统治的武装斗争。《晋书》卷104《石勒载记上》云：

> 时，大蝗，中山、常山尤甚。中山丁零翟鼠叛勒，攻中山、常山，勒率骑讨之，获其母妻而还。鼠保胹关，遂奔代郡。

按翟鼠等降石勒当在西晋永嘉三年（309）。时，石勒攻掠并州山北诸郡，"说诸胡羯，晓以安危。诸胡惧勒威名，多有附者。进军常山，分遣诸将攻中

① 《晋书》卷125《乞伏国仁载记》、《乞伏乾归载记》。
② 《魏书》卷103《高车传》。
③ 说见姚薇元：《北朝胡姓考》，第158页。
④ 《晋书》卷113《苻坚载记上》。

山、博陵（今河北安平）、高阳（今河北安平北）诸县，降之者数万人"①。翟鼠即此时降勒。后因发生蝗灾，不堪后赵统治者压迫和剥削的丁零人，在翟鼠的率领下，反抗后赵统治。失败后，退至代郡。后赵建平元年（330），居住在中山一带的另一支以翟斌为首的丁零，投归了石赵，石勒封翟斌为"句町王"。② 以翟鼠为首的一部分丁零至前燕慕容儁三年（351）投归了前燕，慕容儁封翟鼠为"归义王"。③ 此后，翟鼠所率的这一支丁零，再未见记载。

前秦苻坚于建元七年（371）攻灭前燕后，将中山一带的以翟斌为首的一部分丁零强迁到河南的新安，并以翟斌为卫军从事中郎将。建元十九年（383），苻坚率大军南下攻晋，淝水一战，大败而还。翟斌于同年底在新安首举反抗前秦的大旗，立即得到各族人民的响应，"旬日之中，众已数千"④。一些原前燕的宗室贵族和汉族士大夫也抱着不同的目的，投归翟斌。如原前燕宗室慕容凤及燕故臣之子燕郡王腾、辽西段延，汉族士大夫郝晷、崔逞及清河崔宏、新兴张卓、辽东夔腾、阳平路纂等。⑤ 这样一来，翟斌势力更加壮大，积极准备攻取前秦重镇洛阳。

当时，前秦苻丕（坚子）坐镇邺城（今河南安阳北），遣慕容垂和苻飞龙率军剿灭翟斌。苻丕之意，是企图使慕容垂与翟斌相斗，"两虎相毙"⑥。可是，抱着恢复前燕政权野心的慕容垂没有上圈套。他杀了监视他的苻飞龙，屯聚河内（今河南沁阳），招兵买马，企图乘机攻占洛阳。

前秦镇守洛阳的是苻晖，他遣毛当率军镇压翟斌所率之军。毛当后被翟斌部将慕容凤击溃，被杀。翟斌乘胜攻下陵云台（在今洛阳西），取得了很大的胜利。这时，慕容凤、王腾、段延等极力劝诱翟斌推慕容垂为盟主，共同反秦。翟斌受了这些妄图复燕的野心家的诱惑，多次派人与慕容垂联络。最后，竟率其部众与慕容垂军队会合。至此，以翟斌为首的反抗前秦统治的军队，逐渐变成了鲜卑贵族慕容垂恢复燕国政权的工具。

---

① 《晋书》卷104《石勒载记上》。
② 《资治通鉴》卷94"晋成帝咸和五年"条。
③ 《晋书》卷110《慕容儁载记》。
④ 《资治通鉴》卷105"晋孝武帝太元八年"条，石越对苻丕语。
⑤ 《资治通鉴》卷108"晋孝武帝太元十七年"条等。
⑥ 《资治通鉴》卷105"晋孝武帝太元八年"条，苻丕答石越语。

次年初，慕容垂放弃攻占洛阳，企图北上取邺城为根本。行至荥阳时，慕容垂正式称"燕王"（史称"后燕"），以翟斌为"建义大将军，封河南王"，其弟翟檀为"柱国大将军、弘农王"。① 然后，率领二十余万大军围邺城，但久攻不下。这时，慕容垂与翟斌发生裂痕，"翟斌潜讽丁零及西人，请斌为尚书令"。慕容垂部将封衡向垂说："……斌戎狄小人，遭时际会，兄弟封王，自欢兜已来，未有此福。忽履盈忘止，复有斯求，魂爽错乱，必死不出年也。"② 封衡这番话表明，尽管翟斌兄弟封王，但是地位仍然十分低下，说明丁零当时是受他族歧视，视之为"戎狄小人"。翟斌在遭到拒绝之后，密与邺城苻丕相接，欲遣丁零决漳河水灌慕容垂军。后被慕容垂侦之，翟斌及其弟翟檀、翟敏被杀。翟斌侄翟真率部走邯郸，后又南下邺城，欲与苻丕联合，但被慕容垂击败，又逃向邯郸北，打退了慕容垂的追兵，屯驻于承营（今河北定州东南）。另一部分丁零由翟嵩率领屯于黄泥。

慕容垂久围邺城，苻丕死守。于是，慕容垂企图解邺城之围，北上击溃丁零，以中山作都城。他对部下说："苻丕穷寇，必守死不降。丁零叛扰，乃我腹心之患。"③ 他首先派遣慕容农击溃了在黄泥的丁零翟嵩，又回攻邺城，开西门一路引苻丕出围，然后北上。同年底，慕容农向驻守鲁口（今河北饶阳南）的丁零翟辽（翟真从兄）④ 发动进攻。翟辽败屯无极（今河北无极），慕容农驻嵩城（今河北嵩城西南）。后慕容农与慕容麟合军攻翟辽，翟辽大败，单骑走归翟真。⑤

前秦建元二十一年（385）春，慕容垂等围中山。翟真大败，由承营徙屯行唐（今河北行唐）。这时，翟真内部发生内讧。翟真司马鲜于乞杀真及诸翟氏，自立为"赵王"。接着，翟真余部又杀鲜于乞，大部分降慕容垂。另一部分丁零军队在行唐拥立翟真子翟成为首领。翟辽则南逃至黎阳（今河南汲县东北、黄河北岸），投奔东晋黎阳太守滕恬之。不久，慕容垂引兵围行唐，翟

① 《晋书》卷123《慕容垂载记》。
② 同上。
③ 同上。
④ 《晋书》卷123《慕容垂载记》说翟辽为翟真子；《通鉴》卷105又说辽系真从兄。今从《资治通鉴》。
⑤ 《资治通鉴》卷105"晋孝武帝太元九年"条。

成长史鲜于得杀翟成，降燕。慕容垂入行唐后，将丁零军民全部坑杀。①

　　翟辽于晋孝武帝太元十一年（386）正月，逐黎阳太守滕恬之，据黎阳。同年三月，因晋泰山太守张愿叛晋，以郡降翟辽，而使翟辽的势力发展到今山东泰山一带。次年，翟辽遣其子翟钊南掠东晋的陈（治今河南淮阳）、颍（治今河南许昌附近）等郡。此时，高平（今山东菏泽东）人翟畅执太守徐含远，降于翟辽。②翟辽势力的急骤扩展，甚至使慕容垂发出了这样的惊呼："辽以一城（指黎阳）之众，反覆三国（指东晋、后燕、西燕）之间，不可不讨。"③同年，慕容垂先击败张愿，然后由中山南下攻翟辽。当时，翟辽的部下多是原燕、赵人，闻慕容垂、慕容楷南下，多叛归慕容垂。翟辽于是投降，慕容垂以辽为徐州牧，封河南公。此时，井陉人贾鲍引北山丁零翟遥等五千余人，夜袭中山，被慕容垂太子慕容宝等击走。

　　同年冬，翟辽重新叛燕，并派军队攻燕之清河（治今河北清河南）、平原（治今河北平原南）两郡。又南攻东晋河上（治今湖北襄樊）。④

　　后燕建兴三年（388）初，翟辽遣司马眭琼到中山"谢罪"，慕容垂以翟辽反复无常，加以拒绝，并斩眭琼。于是翟辽自称魏天王，改元建光，置百官，正式建立起政权⑤，史称"翟魏"。为了防御燕的进攻，翟辽由黎阳徙屯黄河南岸的滑台（今河南滑县），以河为固。次年，翟辽又攻占了东晋的荥阳，执太守张卓，侵入陈、项。⑥并遣丁零故堤袭占燕之翼州（治信都，今河北冀州），旋被燕收复，故堤遁走。到晋孝武帝太元十五年（390），翟辽又攻掠东晋司（治今河南洛阳）、兖（治今山东鄄城北）两州。⑦东晋龙骧将军刘牢之与翟辽、张愿大战于太山，被辽击败。⑧直到八月，东晋朱序在滑

---

① 《晋书》卷 123《慕容垂载记》。
② 以上均见《晋书》卷 9《孝武帝纪》。
③ 《资治通鉴》卷 107 "晋孝武帝太元十二年"条。
④ 《晋书》卷 13《天文下》。
⑤ 《资治通鉴》卷 107 "晋孝武帝太元十三年"条。
⑥ 《晋书》卷 9《孝武帝纪》；同书卷 13《天文下》。
⑦ 《晋书》卷 13《天文下》。
⑧ 按上述《晋书》卷 9《孝武帝纪》所载与同书卷 84《刘牢之传》异，《刘牢之传》云牢之攻翟钊（辽子）、张遇，且云牢之战胜。据《晋书》卷 13《天文下》记载，此役"众军累讨弗克"，知《孝武帝纪》为确。

台击败了翟辽，张愿降东晋，才暂时遏止了翟魏的进攻。

东晋太元十六年（391），翟辽死，其子翟钊立，改元定鼎，并进攻邺城，被慕容农击走。次年二月，翟钊又遣部将翟都攻占馆陶（属阳平郡，今河北馆陶），屯苏康垒。三月，慕容垂率军进逼苏康垒，翟都南退至滑台。此时，翟钊求救于在山西长子一带建立西燕的慕容永，遭拒绝。六月，后燕军队占领黎阳后，准备渡河攻滑台。翟钊列兵南岸，严阵以待。慕容垂不从黎阳津渡河，却引兵屯驻黎阳西四十里的西津，准备了牛皮船百余艘。伪列兵仗，装着一副要从这里渡河的样子。翟钊中计，率军趋西津。这时，慕容垂却密遣部将王镇等自黎阳津夜渡，过河扎营。翟钊闻讯后，急返黎阳津，猛攻王镇营，王镇坚守不出。而此时，慕容农又由西津渡河，同王镇两面夹击疲于奔命的翟魏军队。翟钊大败，还走滑台，收余部北渡河，据守白鹿山（在今河南修武北）。后终因困守山中，缺粮少援，被迫下山决战，为慕容垂击败，损失殆尽。翟钊仅单骑投奔西燕。慕容永以钊为车骑将军、兖州牧，封东郡王。过了一年，在慕容永处的翟钊还曾攻东晋之河南，但不久即为慕容永所杀，翟魏从此灭亡。①

丁零翟氏建立的翟魏政权，从 383 年翟斌起兵反抗前秦起，388 年正式建国，至 392 年灭亡，前后约九年。《晋书·慕容垂载记》在叙述了翟魏亡后，说："钊所统七郡户三万八千皆安堵如故。"翟魏统治的七郡应即荥阳、顿丘、贵乡的一部分，黎阳、陈留、济阴、濮阳的西半部②，人口约三万八千户，其中绝大部分应是汉族和他族人民，丁零族可能只占一小部分③。翟魏坐后燕与东晋两强之间，为了扩展势力，从北面进攻后燕，向南又伐东晋，两面树敌，自然是不能支持长久的。但是，从所占的地区之广、人口之众，翟魏无疑在十六国之外，要算是一个比较大的政权了。

---

① 以上均见《晋书》卷 123《慕容垂载记》；《资治通鉴》卷 108 "晋孝武帝太元十七年" 条；《晋书》卷 9《孝武帝纪》；等等。

② 谭其骧：《记翟魏始末》，《益世报》1942 年 12 月 17 日《文史副刊》第 22 期。

③ 《资治通鉴》卷 107 "晋孝武帝太元十二年五月" 条说：翟辽 "众皆燕、赵之人"，所谓燕、赵之人，即绝大部分是原居于当地的汉族。

第二章　南北朝时期的敕勒及其所建的"高车国"

一、4世纪末5世纪初敕勒的居地、种姓、部落和社会情况

前已言之，4世纪初敕勒各部主要分布在漠北贝加尔湖、鄂尔浑河、土拉河流域，塞北地区及内地河北、山西、河南、甘肃等地。4世纪60年代后，拓跋鲜卑（代）兴起，征服了漠南、阴山南北的敕勒诸部。至80年代，拓跋珪重建北魏政权，对周围的各部落进行了一系列的掠夺战争。居住于大漠南北的敕勒各部就是拓跋魏进行征服和掠夺的主要对象之一。据中国史籍记载，在4世纪末5世纪初，北魏对敕勒的掠夺战争，以及敕勒部落归附北魏的事件，主要有以下九次：

北魏登国四年（389），拓跋魏曾袭敕勒部，大破之。[1]

北魏登国五年（390），拓跋珪率军深入漠北，在今鄂尔浑河附近的鹿浑海一带，袭敕勒（高车）袁纥部，"虏获生口、马牛羊二十余万"[2]。

同年冬，又大破在狼山（今内蒙古河套西北狼山）一带游牧的高车豆陈部。[3]

北魏天兴二年（399），北魏分东西中三路出兵深入漠北，"破高车杂种三十余部，获七万余口，马三十余万匹，牛羊百四十余万"。又卫王仪率三万骑兵从大漠西北，"破其遗迸七部，获二万余口，马五万余匹，牛羊二十余万头，高车二十余万乘……"。拓跋珪把掳获的七万余口的敕勒人当

---

① 《魏书》卷2《太祖纪》。
② 同上。
③ 同上。

作被围的野兽，"自牛川南引，大校猎，以高车为围，骑徒遮列，周七百余里，聚杂兽于其中，因驱至平城"。然后，强迫这些俘虏为其建造鹿苑，"南因台阴，北距长城，东包白登，属之西山，广轮数十里，凿渠引武川水注之苑中，疏为三沟，分流宫城内外。又穿鸿雁池"①。

北魏天兴三年（400），有敕勒俟利曷莫弗敕力犍率其九百余落内属北魏。俟利曷莫弗，即俟利莫弗，均为高车官号，所以有的文献于俟利曷莫弗、解批莫弗就译作"别帅"②。

次年，又有敕勒解批莫弗幡豆建率其部三十余落内属。③

天兴五年（402），柔然社仑袭破漠北鄂尔浑河、土拉河一带的高车斛律部。该部"走而脱者十二三"。首领倍侯利率残部降北魏。④

天兴六年（403），北魏遣将军伊谓率骑二万，深入漠北，袭破敕勒遗部袁纥、乌（纥）等部。⑤

至北魏神䴥二年（429），拓跋焘向漠北柔然发动大规模进攻。柔然统治者逃遁后，高车各部起义，降魏者三十余万人⑥。接着，拓跋焘又遣安原等向贝加尔湖一带的"东部高车"进攻，"高车诸部望军降者数十万"，"获马牛羊亦百余万"。⑦北魏将归降的敕勒，"皆徙置漠南千里之地"，"东至濡源，西暨五原、阴山，竟三千里"。⑧

上述资料表明：自4世纪以来，游牧于漠北的敕勒部落繁多，人口殷盛。这部分敕勒在4世纪末5世纪初，约有六七十万人被北魏迁到漠南地区；而遗留在漠北草原的敕勒各部，则为5世纪兴起的柔然统治者所奴役。漠北敕

---

① 《魏书》卷2《太祖纪》；同书卷103《高车传》等。
② 《魏书》卷103《高车传》。又《魏书》卷2《太祖纪》只记为"高车别帅敕力犍"。
③ 《魏书》卷103《高车传》。又《魏书》卷2《太祖纪》只记为"高车别帅"，且"三十余落"，记为"三千余落"。
④ 《魏书》卷103《高车传》、《蠕蠕传》。
⑤ 《魏书》卷103《高车传》记："……北袭高车余种袁纥乌频破之。"一般有两种理解：一是袭"袁纥、乌频，破之"；一是以为乌字后掉一"纥"字，乌纥为高车（铁勒）部名之一。如此，则为袭"袁纥、乌（纥），频破之"。今依后一说。
⑥ 《魏书》卷103《蠕蠕传》记为：降魏者三十余万；同书《高车传》记为"三十余万落"。今从《蠕蠕传》。
⑦ 《魏书》卷103《蠕蠕传》。又同书《高车传》云，降魏东部高车是"数十万落"。本书从《蠕蠕传》。
⑧ 《魏书》卷4上《世祖纪上》；同书卷103《高车传》等。

勒在这一时期多次大规模的南迁，主要是与北魏对漠北的掠夺战争有关。至于迁到漠南等地敕勒的情况，将在下一节叙述。

这一时期敕勒各部居地及其迁徙情况大致明了之后，下面谈一谈敕勒的种姓、部落。

敕勒是一个很古老的民族，其称谓又极为复杂。在南北朝时期，敕勒又称为高车或丁零。据《魏书·高车传》的记载，当时敕勒（主要指大漠南北的高车）有六种、十二姓。显然，这六种、十二姓仅只是当时中原人所能了解到的种姓、部落。现在，我们根据已有的资料，对敕勒的种姓、氏族和部落做一初步分析：

（一）高车六种

《魏书·高车传》说："其种有狄氏、表（袁）纥氏、斛律氏、解批氏、护骨氏、异奇斤氏。"

1. 狄氏。如前所述，狄氏即翟氏。南北朝时，翟氏多居中原河北、山西、河南等地，因入居内地既久，故北朝史籍称其为"丁零"。[1]

2. 表（袁）纥氏。按表纥为袁纥之误，前人早已指出。[2] 从上引拓跋珪在鹿浑海袭高车袁纥部看，此部原居漠北鄂尔浑河、土拉河流域，后数次为北魏所掠，一部分迁入漠南。至北魏太和二十二年（498），有高车表（袁）纥树者不愿随魏军攻南齐，率部叛入柔然事。[3] 又《隋书·铁勒传》记：在独洛河（即今土拉河）北有韦纥部。隋时的韦纥，即北朝时的袁纥。[4] 可见此部一直都居于土拉河一带。

3. 斛律氏。北魏天兴五年（402），居于漠北鄂尔浑河、土拉河流域的以高车斛律部为主的部落联盟为柔然所灭。斛律部首领倍侯利降魏。其后，北齐名将斛律金即倍侯利的后代。[5] 至于《通志·氏族略第五》说："斛律氏，代人，世为部落统帅，号斛律部，因为氏焉。"内称"代人"，乃系迁于漠南

---

[1] 又姚薇元《北朝胡姓考》第182—185页说：《魏书·官氏志》所云"库（库，shè）狄氏，后改狄氏"，库狄为赤狄之转讹，应即是高车六种之"狄氏"。

[2] 见冯承钧《高车之西徙与车师鄯善国人之分散》等。又《通典》卷197"高车"条内也作"袁纥"。

[3] 《魏书》卷103《高车传》。

[4] 《新唐书》卷217上《回鹘传上》。

[5] 《北齐书》卷17《斛律金传》。

后之斛律部。斛律氏后散居中原各地，至隋唐时还见有姓"斛律"者。①

4.解批氏。上述北魏天兴四年（401）有解批莫弗幡豆建率部三十余落内附北魏。此解批部应即解批氏。《魏书·官氏志》记："内入诸姓"有"解枇氏，后改为解氏"。按魏之"内入诸姓"，乃是"神元皇帝时，余部诸姓内入者"。如此，则解批部很早就有一部分加入了拓跋鲜卑的部落联盟，孝文帝南迁洛阳后，改姓解氏。《隋书·铁勒传》所记之"契弊"（或称"契弊羽"），或即解批之异译，其居地在"伊吾以西，焉耆之北，傍白山"。南北朝时的解批部是否居于此，已不可考。

5.护骨氏。护骨氏即《隋书·铁勒传》之纥骨部，护、纥古音同。早在拓跋鲜卑献帝邻（第二推寅）为檀石槐军事部落西部大人时，就曾七分国人，"以兄为纥骨氏，后改为胡氏"②。也就是说，献帝邻兄分领到七个部落中的敕勒纥骨部，并以此部名作为姓氏。如此，则护骨部早在 3 世纪末已经有相当多的部分并入了拓跋鲜卑。北魏正光五年（524），北魏爆发六镇起义，有高平镇（今甘肃固原）"高车酋长胡琛"聚众响应。③史称胡琛为"高车酋长"，其原必高车护骨氏无疑。《隋书·铁勒传》称此部居地与契弊同，而原拓跋鲜卑献帝邻为檀石槐西部大人，因此护骨部的原居地可能就在伊吾以西、焉耆以北一带。

6.异奇斤氏。高车异奇斤氏，应是由其官号"俟斤"转为姓氏。《魏书·官氏志》内入诸姓，有"奇斤氏，后改为奇氏"的记载，可知此部投归拓跋鲜卑时代也较早。④

（二）高车十二姓

《魏书·高车传》还记："高车之族，又有十二姓：一曰泣伏利氏，二曰吐卢氏，三曰乙旃氏，四曰大连氏，五曰窟贺氏，六曰达薄干氏，七曰阿崙氏，八曰莫允氏，九曰俟分氏，十曰副伏罗氏，十一曰乞袁氏，十二曰右叔沛氏。"

---

① 参见姚薇元：《北朝胡姓考》，第 304—306 页。
② 《魏书》卷 113《官氏志》。
③ 《北史》卷 48《尔朱天光传》。
④ 按《通典》卷 197"高车"条记"高车六种"，漏"护骨氏"，将"异奇斤氏"改为"异氏"、"奇氏"。

1. 泣伏利氏。《通志·氏族略第五》说："叱李氏，改为李氏。"叱李又写作叱利、叱伏列。① 《周书》卷20《叱伏列龟传》说：叱伏列龟"代郡西部人也。世为部落大人。魏初入附，遂世为第一领民酋长"。叱伏列即泣伏利氏，此部在魏初入附，游牧于漠南的西部。《魏书·官氏志》内入诸姓中的"叱利氏，后改为利氏"，亦当即高车泣伏利氏。柔然也有此族，说见后。

2. 吐卢氏。《隋书·铁勒传》记有"吐如"部，居独洛河北，或即此吐卢氏。又《通典》"高车"条记为"叱卢氏"。叱、吐形近，可能讹写，存疑。

3. 乙旃氏。《魏书·官氏志》记：献帝邻七分国人时，"又命叔父之胤曰乙旃氏，后改为叔孙氏"。即命之胤统高车之乙旃部，以此为姓。如此，高车乙旃部很早就已投归拓跋鲜卑，成为其"宗族十姓"之一。此姓见于北魏的有叔孙建（乙旃眷）②、乙旃侯莫干（叔孙侯）③，等等；见于西秦的有乙旃音埿④ 等；见于柔然的有乙旃达官等。献帝邻曾为檀石槐西部大人，乙旃部可能原也居于大漠西部。

4. 大连氏。无考。

5. 窟贺氏。无考。

6. 达薄干氏。《魏书·官氏志》四方诸姓记有"西方达勃氏，后改为襃氏"。达薄干氏又写作达薄氏⑤，也即达勃氏。《周书·齐炀王宪传》云："宪所生母达步（薄）干氏，茹茹人也。"此乃因高车达薄干部投归柔然既久，故称其为"茹茹人也"。其原居地可能在大漠之西，故《官氏志》云其为"西方达勃氏"。

7. 阿仑氏。无考。

8. 莫允氏。无考。

9. 俟分氏。《通典》误为俟斤氏。按《资治通鉴》卷81"晋武帝太康六年"条胡注："何氏《姓苑》曰：宇文氏出自炎帝，其后以尝草之功，鲜卑

① 参见姚薇元：《北朝胡姓考》，第297—300页。
② 《魏书》卷29《叔孙建传》；《宋书》卷45《道济传》。
③ 见石刻"孝文吊比干文碑"阴题名，载《金石萃编》卷27；《魏书》卷31《于烈传》。
④ 《晋书》卷125《乞伏国仁载记》。
⑤ 《北史》卷98《高车传》作"达薄氏"。

呼草为俟汾，遂号为俟汾氏，后世通称俟汾（应为'宇文'）[①]，盖音讹也。"
属匈奴的宇文氏与属敕勒的俟分氏又是什么关系呢？有的研究者认为：高车
之俟分氏与讹成宇文氏之俟汾氏可能均出于匈奴。宇文氏一支先处塞内，与
其他族接触多，故骤讹变为宇文氏；而高车之俟分氏远居塞表，故得别为部
落，保持原姓氏。[②]

10. 副伏罗氏。副伏罗氏又称覆罗氏。[③]《隋书·铁勒传》称此部居独洛
河北。按此部可能原居于土拉河一带，柔然统一漠北后，役属于柔然。北魏
太和十一年（487），该部首领阿伏至罗率部摆脱柔然统治，西迁至高昌之西
北金山（今阿尔泰山）一带游牧。

11. 乞袁氏。据《北朝胡姓考》说：乞袁氏即代郡乞氏。《魏书》卷86
《乞伏保传》记："乞伏保，高车部人也。"但此人姓"乞"，非姓"乞伏"。
"疑其人原姓乞袁，单称乞氏，乃太和时所改。"[④] 又《隋书》卷55《乞伏慧传》
记：慧为"马邑鲜卑人也"。慧可能为西秦乞伏氏后代，系高车与鲜卑融合
后的陇西鲜卑，故称为马邑鲜卑人。

12. 右叔沛氏。无考。

（三）其他

主要包括散见南北朝史籍的敕勒种姓、部落，还有称为丁零的翟氏、鲜
于氏、路氏，以及屋引氏、斛斯氏、豆陈氏（部）、阿跌氏、贺拔氏、阿史
那氏（突厥），等等。

其中斛斯氏，原名斛粟氏，世居广漠，可能就是《隋书·铁勒传》中的
斛薛氏。[⑤] 阿跌氏，魏时可能改为跌氏（或蛭氏），《魏书》卷87《娄提附蛭
拔寅兄弟传》说：蛭氏兄弟为敕勒部人。此即隋唐时期铁勒中的阿跌部。[⑥]
贺拔氏，又作斛拔氏。《周书》卷14《贺拔岳传》记："先是……铁勒斛律

---

① 周一良：《论宇文周之种族》，《历史语言研究所集刊》1938年第7本第4分册。

② 同上。

③ 《魏书》卷9《肃宗纪》云：正光三年（522），"以高车国主覆罗伊匐为镇西将军、西海郡开国公、
高车王"。伊匐即副伏罗部阿伏至罗从弟穷奇子，弥俄突弟。此称"覆罗"，即"副伏罗"也。

④ 参见姚薇元：《北朝胡姓考》，第303页。

⑤ 同上书，第306—307页。

⑥ 《旧唐书》卷199下《铁勒传》。

沙门、斛拔弥俄突……等，并拥众自守。"称斛拔为铁勒，可知贺拔氏应为敕勒。

《魏书·高车传》所记高车六种与十二姓之间有什么关系？《魏书》为什么将两者分开叙述？关于这个问题，过去许多学者均有论述，但意见分歧。

一种意见认为：高车六种在先，十二姓在后，也就是说，高车原有六种，后又发展了十二姓；或说中国史籍先发现并记载了六种，后又记载了十二姓。[①] 此说仅据《高车传》叙述的顺序而下的结论，没有什么根据。如上所述，高车十二姓中的乙旃氏，发现、记载均早于高车六种，故此说不确。

一种意见以为：高车六种，"除内附者外，后来多附突厥，所谓敕勒、铁勒，似仅限于此类部落。然此皆非高车之本族也……是为高车十二姓，与前此所举之诸客部有别"[②]。此说将敕勒与高车区别开来，与《魏书·高车传》之本意相左。前已言之，高车、敕勒皆为大漠南北属突厥语族各部之共名，内涵完全一致。之所以名称有别，乃是各族人民对其称呼不同而已。故此说也欠妥当。

还有一种意见，是按居地的不同来区别的：高车六种主要指原游牧在漠北鄂尔浑河、土拉河流域的各部；高车十二姓系指原游牧在色楞格河以西至阿尔泰山一带的敕勒部落。[③] 对于游牧的敕勒各部来说，他们的居地是经常迁徙的，而且上述各种姓、部落的原居地，我们目前知道的并不多。高车六姓中，可知的仅有斛律部、袁纥部原游牧在鄂尔浑河、土拉河一带，而其中的护骨氏，则可能游牧在大漠之西。因此，此说也难成立。

以上三种意见，均有欠妥之处。按《高车传》称高车六种为"种"，十二姓为"姓"，种和姓在我国文献上的用法，似也无严格区别。我以为不论高车六种，或是高车十二姓，都是《魏书》作者记载当时所知的高车氏族、部落的称谓。这种称谓也就是他们氏族、部落的名称或姓氏。所以，在记述十二姓时，《高车传》明明说"高车之族，又有十二姓"，即是说，十二

① 见上引《中国古代北方各族简史》，第 111 页；小沼胜衛编：《東洋文化史大系》第二卷《漢魏六朝時代》，誠文堂新光社 1938 年版，第 281—282 页。
② 见冯承钧《高车之西徙与车师鄯善国人之分散》。
③ 马长寿：《中国兄弟民族史》，1951 年，打印本讲义。

姓的高车与六种高车同样属于高车，并没有什么严格的区别。为什么《魏书》的作者要将六种、十二姓分开来叙述呢？可能是为了叙述的方便，先将与北魏、柔然发生关系较早的高车六种提出，然后再提十二姓，以便接着叙述十二姓中的副伏罗部。

《魏书·高车传》还保存了 4 世纪末敕勒族若干社会情况的资料。从这些零星的资料来看，散处大漠南北的敕勒是一个以游牧经济为主的部落集团。"其迁徙随水草，衣皮食肉，牛羊畜产尽与蠕蠕同。"所不同者，"唯车轮高大，辐数至多"；高车之名，正由此来。当时，敕勒人可能已进入氏族家长制，私有财产得到了肯定和保护。《高车传》说："其畜产自有记识，虽阑纵在野，终无妄取。"但在敕勒内部还一直保存了母系制的残余。《隋书·铁勒传》说："其俗大抵与突厥同，唯丈夫婚毕，便就妻家，待产乳男女，然后归舍。"这说明敕勒社会发展较柔然、突厥缓慢。在 4 世纪末，敕勒还处于"无都统大帅，当种各有君长"的阶段。即是说，没有形成统一的国家，只是处于部落或部落联盟的阶段。

敕勒人的婚姻也保存了一些母系氏族社会的遗风。《魏书·高车传》说：

> 婚姻用牛马纳聘以为荣。结言既定，男党营车阑马，令女党恣取，上马袒乘出阑，马主立于阑外，振手惊马，不坠者即取之，坠则更取，数满乃止。俗无谷，不作酒。迎妇之日，男女相将，持马酪熟肉节解。主人延宾亦无行位，穹庐前丛坐，饮宴终日，复留其宿。明日，将妇归，既而将夫党还入其家马群，极取良马。父母兄弟虽惜，终无言者。颇讳取寡妇而优怜之。

这段记载，过去研究者有不同的理解，有人认为这是一种群婚制的形式①，也有人认为是有对偶婚的特点②。这两种看法均将文中之"男党"、"女党"理解为"一方之男性"与"另一方之女性"集体结婚。根据后半段文

① 见王日蔚《丁零民族史》。
② 见小沼胜衞编：《東洋文化史大系》第二卷《漢魏六朝時代》，第 281—282 页。

意，似将"男党"、"女党"释为男、女各所属氏族的亲友为妥。如此，敕勒的婚姻似为一夫一妻制。男方迎妇之日，要在女方家里留宿一日，这种风俗带有母系氏族社会的遗风。

此外，《高车传》还记述了敕勒的其他一些风俗，如：

> （不）喜致震霆，每震则叫呼射天而弃之移去。至来岁秋，马肥，复相率候于震所，埋杀羊，燃火，拔刀，女巫祝说，似如中国被除，而群队驰马旋绕，百币乃止。人持一束柳楗，回竖之，以乳酪灌焉。……其死亡葬送，掘地作坎，坐尸于中，张臂引弓，佩刀挟稍，无异于生，而露坎不掩。时有震死及疫疠，则为之祈福。若安全无他，则为报赛。多杀杂畜，烧骨以燎，走马绕旋，多者数百币，男女无小大皆集会，平吉之人则歌舞作乐，死丧之家则悲吟哭泣。

关于敕勒对雷霆的态度，按文意似原书掉一"不"字，此俗与后来蒙古部落的风俗相似。[1] 引文提到"女巫祝说"，"烧骨以燎"等，似与流行于蒙古草原的巫术等原始萨满教有关。其丧葬风俗很特别，露坎而不掩尸。到后期可能将不掩之露坎，用土埋上。[2] 这种葬俗与突厥将尸火焚后，"取灰而葬"[3] 异。

敕勒还是一个喜爱歌舞的民族。上引资料说：丧葬时，"平吉之人则歌舞作乐"；同书还记载了在魏文成帝拓跋濬时，高车五部"合聚祭天"的盛况，说："大会，走马杀牲，游绕歌吟忻忻，其俗称自前世以来无盛于此。"又《北史》卷48《尔朱荣传》还有一段记载说：尔朱荣每于西林园与魏帝宴饮，"及酒酣耳热，必自匡坐唱虏歌，为《树梨普梨》之曲。见临淮王或从容闲雅，爱尚风素，固令为敕勤（勒）舞"。可见敕勒的歌舞在北魏后期，已深入到统治阶级内部，影响极广。

宋代郭茂倩编撰的《乐府诗集》卷86，保存了南北朝时敕勒族一首著名

---

① 见王国维《黑鞑事略笺证》。
② 《隋书》卷84《铁勒传》说："死者埋殡之。"
③ 《隋书》卷84《突厥传》。

的民歌 ——《敕勒歌》：

> 敕勒川，
> 阴山下，
> 天似穹庐，
> 笼盖四野。
> 天苍苍，
> 野茫茫，
> 风吹草低见牛羊。[①]

　　据《乐府诗集》引沈健《乐府广题》说，这首民歌是北齐敕勒人斛律金因高欢之命而唱的，而"神武（高欢）自和之"。又说："其歌本鲜卑语，易为齐言，故其长短不齐。"斛律金本敕勒斛律部人，其高祖即倍侯利。[②]此歌既咏漠南阴山下敕勒川的景物，斛律金又为敕勒人，故此歌最早应为敕勒语，即为突厥语，与属蒙古语族之鲜卑语不同。从当时北齐流行鲜卑语的情况看[③]，或此歌早有鲜卑语译文。斛律金、高欢唱和之敕勒歌，可能是鲜卑语。后又译作"齐言"，也即汉语。[④]故《乐府广题》云此歌本鲜卑语，后易为齐言。

　　这首存留下来的优美、粗犷的敕勒民歌，是中国文学史上的精华之一，也是用汉语译写北方民族诗歌较早的优秀作品。它对以后隋唐时代的诗、词均产生了很大的影响。[⑤]这首民歌不仅表现了中国古代敕勒人民是一个能歌善舞的民族，而且也说明了当时中国内地汉族与北方少数民族之间在文化上的相互交流和相互影响。

---

① 洪迈《容斋随笔》卷 1 记"笼盖四野"为"笼罩四野"。
② 《北齐书》卷 17《斛律金传》。
③ 见北齐颜之推《颜氏家训·教子篇》等。
④ 如同《魏书·蠕蠕传》所云之"魏言"一样，"齐言"也当指汉语。
⑤ 参见小川環樹：《敕勒の歌 —— その原語と文学史の意義》，《東方學》1959 年第 18 輯。

二、高车国与柔然、北魏等的关系

自 5 世纪初柔然兴起于大漠南北后，游牧于漠北广大地区的敕勒各部均役属于柔然。虽然漠北的敕勒先后约有六七十万人被北魏迁到漠南等地，但留于漠北的敕勒仍然很多。这些被柔然役属的敕勒部落，除了定期向柔然统治者缴纳贡赋外，还要参加他们发动的掠夺战争。因此，敕勒对柔然统治者经常向北魏边境发动掠夺战争是十分不满的。

北魏太和九年（485），柔然可汗予成死，其子豆仑即可汗位。当时，柔然在北魏多次大规模的进攻下，已经逐渐衰弱，内部乱离，"国部分散"①。但是，豆仑仍然于太和九年、十年接连发动进扰北魏边境的战争。并于太和九年诛杀劝其与北魏通和的大臣石洛侯，夷其三族。② 太和十一年（487），豆仑再次进扰北魏边境，敕勒副伏罗部阿伏至罗等不愿再充当柔然统治者的炮灰，企图劝止豆仑，但豆仑不从。于是，阿伏至罗及其从弟穷奇即率十余万落向西迁徙，脱离柔然自立，在车师前部（今新疆交河故城一带）西北，建立了"高车国"。③

关于阿伏至罗所建高车国的情况，我们知道得很少。《魏书·高车传》说：阿伏至罗从柔然分离出来后，"自立为王，国人号之曰'候娄匐勒'，犹魏言大天子也。穷奇号'候倍'，犹魏言储主也。二人和穆，分部而立，阿伏至罗居北，穷奇在南"。史称高车国内"种类繁多"④，其内可能是以副伏罗部为主，包括了一些其他种姓的高车部众在内。至于高车国的政治组织，除有大天子、储主外，可能还仿照柔然的官制，史书记有"莫何去汾"等官职。⑤ 高车国是否已形成国家，目前还难下结论。北魏正光二年（521），魏凉州刺史袁翻在一份奏折中说："高车士马虽众，主甚愚弱，上不制下，下

① 《魏书》卷 103《高车传》。
② 《魏书》卷 103《蠕蠕传》。
③ 按《魏书》卷 103《高车传》、《蠕蠕传》均记为"十余万落"；《北史》卷 98《蠕蠕传》记为"十余万"。今从《魏书》。又《魏书》卷 4 上《世祖纪上》云：太延二年（436）八月，"甲辰，高车国遣使朝献"。按此时，阿伏至罗还未从柔然中分离，建高车国。此云之高车国或指高车其他部落，或系高昌国之误。因此年北魏已遣使六辈使西域，高昌遣使是完全可能的。
④ 《魏书》卷 69《袁翻传》。
⑤ 《魏书》卷 103《高车传》。

不奉上，唯以掠盗为资，陵夺为业。"① 这种情况正是军事部落联盟的特点。结合 4 世纪末以来，敕勒社会发展比较落后的情况来看，高车国事实上不过处于由军事部落联盟向早期国家过渡的阶段而已。

太和十一年，副伏罗部西迁时，柔然可汗豆仑曾发兵西讨，追至大漠西部。② 以后，柔然与高车国之间"迭相吞噬"，不断进行着战争。北朝史籍对双方初期的战争记载很简约，而且相互矛盾。幸而南朝史籍还保存了一些极为重要的史料。《南齐书·芮芮虏传》记：

> 自芮芮居匈奴故庭，十年，丁零胡又南攻芮芮，得其故地，芮芮稍南徙。魏虏主元宏以其侵逼，遣伪平元王驾鹿浑、龙骧将军杨延数十万骑伐芮芮，大寒雪，人马死者众。

又《梁书·西北诸戎传》亦记：

> （芮芮）永明中，为丁零所破，更为小国而南移其居。

上引《南齐书》中的"十年"，唐代许嵩《建康实录》在"十年"前多一"后"字。参照《梁书》文，知"十年"，应为南齐武帝永明十年，即北魏太和十六年，公元 492 年。③ 如此，则《魏书》中《蠕蠕传》、《高车传》关于此事相互矛盾的记载，才得到了合理的解释。《魏书·蠕蠕传》记：

> （太和）十六年八月，高祖遣阳平王颐、左仆射陆叡并为都督，领军斛律桓等十二将七万骑讨豆崘。部内高车阿伏至罗率众十余万落西

---

① 《魏书》卷 69《袁翻传》。
② 《魏书》卷 54《高闾传》云："高祖又引见群臣，议伐蠕蠕。帝曰：蠕蠕前后再扰朔边，近有投化人云，敕勒渠帅（指阿伏至罗）兴兵叛之，蠕蠕主身率徒众，追至西漠……"《资治通鉴》将此事置于北魏太和十年（486）三月。按《高闾传》云，议伐蠕蠕，是在予成死，柔然遣使至北魏以后，即太和十年左右，与《资治通鉴》合。但《魏书·高车传》明言阿伏至罗率众自立是在 487 年，故从《高车传》。
③ 此说见马长寿《中国兄弟民族史》。

走，自立为主。豆崙与叔父那盖为二道追之，豆崙出自浚稽山北而西，那盖自出金山。豆崙频为阿伏至罗所败，那盖累有胜捷……

文中"部内高车阿伏至罗率众十余万落西走，自立为主"一句，乃是追叙太和十一年事。而豆仑、那盖分二道追击阿伏至罗，应是太和十一年至十六年之间的事。因豆仑数次败于阿伏至罗，致使高车国占据了柔然的西北部（即所谓"匈奴故地"），迫使柔然王庭南迁[1]，接近北魏统治的漠南地区。于是，才有太和十六年八月，陆叡（即《南齐书》所云之驾鹿浑）等七万骑讨伐柔然之举。上述事件严重地削弱了柔然，引起其尖锐的内部矛盾，发生了豆仑被杀，其叔那盖被拥立为可汗的事。

高车国之所以能在太和十六年（492）左右击败柔然，一方面是因为柔然本身的衰弱，另一方面与高车国联合北魏以及取得富庶的高昌等地有关。早在太和十四年，阿伏至罗遣胡商越者至北魏，以二箭贡奉，说："蠕蠕为天子之贼，臣谏之不从，遂叛来至此而自竖立。当为天子讨除蠕蠕。"[2]魏孝文帝虽然不十分相信，但派于提至高车国，以观虚实。这就为以后北魏与高车国联盟，共击柔然打下了基础。接着在太和十五年，高车国杀柔然所立高昌王阚伯周子首归兄弟，立敦煌张孟明为高昌王，控制了高昌地区。据有的学者考证，阿伏至罗征服高昌后，有强迫车师前部人迁入焉耆之举。[3]接着，高车国的势力又一直伸到焉耆、鄯善等地。《南齐书·芮芮虏传》记：

先是益州刺史刘悛遣使江景玄使丁零，宣国威德。道经鄯善、于阗，鄯善为丁零所破，人民散尽。……丁零僭称天子，劳接景玄，使反命。

文中所记"丁零"，即南朝汉人对敕勒（高车）的称呼，此系指"高车国"。鄯善为高车国所破，人民散尽，当系何年？按刘悛为益州刺史是在永

---

① 或如《魏书》卷103《高车传》所云："（豆仑）频为阿伏至罗所败，乃引众东徙。"
② 《魏书》卷103《高车传》。
③ 见上引冯承钧《高车之西徙与车师鄯善国人之分散》。

明九年正月甲午至十一年二月丙午。^① 那么，刘悛遣江景玄使高车国，应在这一时期内。而高车国势力伸入鄯善，使该地人民迁徙，也应在永明十一年之前，很可能就在高车国击败柔然的前后。

这一时期是高车国最盛之时，它改变了整个蒙古草原由柔然独霸的局面，形成"柔然衰微，高车强盛"的情况。高车国控制的地区，东北至色楞格河、鄂尔浑河、土拉河一带，北达阿尔泰山^②，南服高昌、焉耆、鄯善，西接悦般，东与北魏相邻。

高车国控制的高昌地区，自古以来是内地通往西域、中亚的门户。因此，与高车国邻近的北魏、柔然、吐谷浑、嚈哒等都企图控制这一地区。5世纪末，由于高车国势力在高昌、焉耆和鄯善等地的扩展，北魏于太和十七年（493）左右罢原焉耆的镇戍，将焉耆、且末等地委之于占领了该地的吐谷浑，并敕封吐谷浑王伏连筹为"使持节、都督西垂诸军事、征西将军、领护西戎中郎将、西海郡开国公、吐谷浑王"^③。至此，焉耆、且末一带为臣属于北魏的吐谷浑所据。^④ 在高昌地区，自阿伏至罗立张孟明为王后不久，张孟明又为国人所杀，众立马儒为主。太和二十一年（497），马儒遣司马王体玄至魏，要求"举国内属"。北魏遣明威将军韩安保率军接应，准备将高昌之众安置在伊吾地区。后因高昌人迷恋旧土，不愿迁徙，杀马儒，立金城榆中（今甘肃兰州西）人麴嘉为高昌王。嘉又臣属于柔然可汗那盖。^⑤ 至此，高车国又失去了对高昌等地的控制。

柔然、吐谷浑先后控制了高昌、焉耆等地之后，建国于阿姆河流域的嚈哒又接踵而来。大约在5世纪最后10年里，嚈哒向高车国南部发动进攻，杀穷奇，并掳去其子弥俄突等。^⑥ 高车国"部众分散"，一部分投归柔然，一部

---

① 《南齐书》卷3《武帝纪》。
② 《魏书》卷69《袁翻传》引翻奏说："西海郡本属凉州，今在酒泉直北、张掖西北千二百里，去高车所住金山一千余里。"故知高车国领地北达金山一带。
③ 《魏书》卷101《吐谷浑传》。此说见冯承钧《高车之西徙与车师鄯善国人之分散》。
④ 同上；又见杨衒之《洛阳伽蓝记》卷5。
⑤ 均见《北史》卷97《西域传》"高昌"条等。
⑥ 又据松田寿男《古代天山の歴史地理學的研究》第215页说：嚈哒进攻高车国，杀穷奇，约在490—497年左右。

分投归北魏。魏遣宣威将军、羽林监孟威抚纳降人，置于高平镇。①

　　嚈哒的进攻，加剧了高车国内部的矛盾。阿伏至罗长子企图谋害阿伏至罗而自立，被阿伏至罗所杀。接着，阿伏至罗又被部众所杀，部众立宗人跋利延为主。至北魏正始四年（507）左右，嚈哒再次出兵，企图拥立弥俄突为高车王，高车部众杀跋利延，迎纳弥俄突。②弥俄突立为高车王后，附属于嚈哒。但是，嚈哒的中心远在中亚阿姆河流域，不能及时支持高车国反击柔然的进攻。因此，弥俄突积极向北魏联络。北魏永平元年（508），弥俄突遣使北魏，"又奉表献金方一、银方一、金杖二、马七匹、驼十头"。当时，北魏正接受了高昌王麹嘉要求内徙的请求，企图控制高昌。对于弥俄突的朝贡，表示欢迎。魏宣武帝元恪遣慕容坦赐给弥俄突杂彩六十匹，并下诏警告弥俄突等不得复犯高昌。诏书说：

　　　　卿远据沙外，频申诚款，览揖忠志，特所钦嘉。蠕蠕、嚈哒、吐谷浑所以交通者，皆路由高昌，犄角相接。今高昌内附，遣使迎引，蠕蠕往来路绝，奸势。不得妄令群小敢有陵犯，拥塞王人，罪在不赦。③

　　同年，弥俄突与柔然可汗伏图在蒲类海北发生战争。弥俄突战败，西走三百余里，柔然进至伊吾北山（今新疆哈密北的库舍图岭）。恰好这时北魏遣孟威率军至伊吾，迎引内迁的高昌部众。伏图以为魏军攻己，遂仓促北逃。弥俄突乘机回军追击，杀伏图于蒲类海北，割其发献于孟威。同时，遣使献龙马五匹、金银、貂皮及诸方物。北魏遣于亮使高车，"赐乐器一部，乐工八十人，赤紬十匹，杂彩六十匹"④。此时，高昌王麹嘉又臣属于高车国。⑤

　　到北魏熙平元年（516），柔然可汗丑奴西攻高车国，擒杀弥俄突，割其头，漆以为饮器，尽复过去被高车国所占去的土地，势力复振。⑥高车国即

---

① 《魏书》卷103《高车传》。
② 同上。
③ 同上。
④ 同上。
⑤ 《魏书》卷102《西域传》"高昌"条。
⑥ 《梁书》卷54《西北诸戎传》云：柔然于"天监中，始破丁零，复其旧土"，即指此。

处于"主丧民离，不绝如线"的境地，部众大部分投归嚈哒。

过了几年，嚈哒支持弥俄突弟伊匐还居高车住地，伊匐重建高车国。北魏神龟元年（518），伊匐曾遣使至北魏。[①] 而北魏也于此年遣敦煌人宋云及惠生等出使西域。杨衒之《洛阳伽蓝记》卷5，记宋云等行至嚈哒时说：嚈哒"南至牒罗（今铁尔胡忒 Tirhut），北尽勅勤，东被于阗，西及波斯，四十余国皆来朝贺"。勅勤，即敕勒，也就是高车。所谓"北尽勅勤"，即是说，嚈哒的北面是敕勒，而且主要是高车国。此时，高车国在嚈哒之北，且为其所控制。

不久，柔然发生内乱。北魏神龟三年（520），阿那瓌被其族兄示发所逼，投归北魏，其从父兄婆罗门击走示发，自立为可汗。次年，伊匐乘柔然内乱，发动进攻。婆罗门战败，率十部落在凉州降北魏。北魏正光三年（522），伊匐遣使向北魏朝贡，北魏封伊匐为"镇西将军、西海郡开国公、高车王"[②]。北魏虽然封伊匐为高车王，但仍然害怕高车国日益强大，成为自己在西北的劲敌。因此，扶植阿那瓌、婆罗门，使柔然、高车继续保持互斗的局面，以削弱双方的势力。

到了正光四年左右，伊匐向北魏朝贡，"乞朱画步挽一乘并幔褥，鞦靽一副，伞扇各一枚，青曲盖五枚，赤漆扇五枚，鼓角十枚。诏给之"[③]。这时，阿那瓌已重返漠北，势力复振。而北魏却爆发了六镇各族人民大起义，日益衰亡。后来，阿那瓌击败伊匐，伊匐败归之后，为其弟越居所杀。越居自称高车王。[④] 以后，北魏灭亡，高车国与北魏的臣属关系断绝。直到北魏永熙二年（533），高车国率十余万户降附于高欢。[⑤] 接着，东、西魏分裂，东魏高欢欲取河西，联络高车国夹攻西魏秦州刺史万俟普父子。北魏永熙三年（534），高车国军队逼近秦州，万俟普父子降东魏。[⑥]

---

① 《魏书》卷9《肃宗纪》。

② 同上。

③ 《魏书》卷103《高车传》。

④ 同上。

⑤ 《北齐书》卷1《神武纪上》，内云之"阿至罗虏"，即高车国。阿至罗，即阿伏至罗，因高车脱离柔然自立，始自阿伏至罗。故文献又称高车国为阿伏至罗国，或阿至罗国。《魏书》卷12《孝静帝纪》云："阿至罗国主副伏罗越居子去宾来降"，可证。

⑥ 同上。

接着，越居又为阿那瓖击败，伊匐子比适杀越居而自立。①经过这次战争的失败和内讧，高车国已经十分衰弱。东魏兴和三年（541），高车国最终被柔然所灭，越居子去宾及一部分部众逃奔东魏。高欢封去宾为"高车王，安北将军、肆州刺史"，准备派他回去"招慰夷虏"，但是不久去宾即病死于邺都。②高车国至此灭亡。

高车副伏罗部自487年自立起，至541年被柔然灭亡止，前后共存五十四年，共七主。据《魏书》、《北史》之《高车传》等资料可将高车国主世系列表如下③：

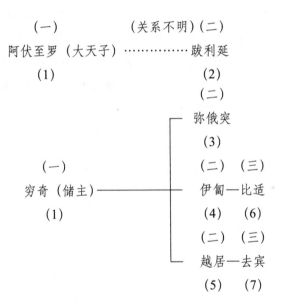

由于高车国立国于今新疆北部，地当中亚交通要冲，自然成为柔然、嚈哒、北魏等争夺的对象，战争频繁，而最终灭亡。高车国对西域地区产生过较大的影响，引起了高昌、鄯善等地人民的迁徙。④它的势力曾一度达新疆东部，这可算是历史上属突厥语族的民族最早进入西域，并产生影响的重大

---

① 《魏书》卷103《高车传》；同书卷27《穆崇传》。
② 同上；《通典》卷197"高车"条。
③ 人名上符号（一）表示世代先后，下符号（1）表示王位相传序。
④ 参见冯承钧《高车之西徙与车师鄯善国之分散》。

事件。

　　高车国亡后，其余部似仍居于原处。东魏武定四年（546），居于金山南面与高车紧邻的突厥强盛起来，击破高车余部，降其众五万余落。① 到了隋代，当时人们对于蒙古草原及其周围的敕勒的分布、种姓有了更进一步的认识，并统称它们为"铁勒"（即敕勒之讹译）。② 《隋书·铁勒传》记载了从西海（今里海）之东、北海之南各个主要部落名称及分布，其中就有覆罗部，在独乐河北。覆罗部即副伏罗部，可能是因柔然亡后，覆罗部一部分自金山一带又迁回到他原来的游牧地土拉河流域。

　　又《通典》卷197"高车"条记："至隋，有突越失国，即后魏之高车国矣。"考有关隋代文献上并未见有"突越失"国。仅《通典》卷196"薛延陀"条、《太平寰宇记》卷198"薛延陀"条内记：属铁勒别种之薛延陀部首领夷男子名"突利失（始）"。唐初，突利失曾寇定襄，掠百姓。或此突利失，即突越失国？史载薛延陀原游牧于"金山西南"，是由薛和延陀两个部落组成。③ 延陀或即覆罗之异译，其居地正是原高车国所居之地，或云薛延陀之突利失即原高车国的余部，也未可知。

---

① 《周书》卷50《突厥传》。
② 《隋书》卷84《铁勒传》；《新唐书》卷217下《回鹘传下》等。
③ 《隋书》卷84《铁勒传》；《新唐书》卷217下《薛延陀传下》等。

第三章　北朝统治下的敕勒

一、北魏对丁零的压迫及丁零的反抗斗争

自北魏登国七年（392）早已入居内地的敕勒（即"丁零"）所建的"翟魏"政权灭亡后，丁零则散居于今河北、山西等地，形成了几个大的聚落区。

北魏皇始二年（397），北魏拓跋珪南攻后燕中山等地。后燕统治阶级发生内讧，慕容宝弟慕容麟逃出中山，西入西山，与该地丁零联合，企图夺得政权。后慕容宝北走和龙，中山为慕容详所据。同年九月，慕容麟率西山丁零，攻入中山，杀慕容详而自立。接着，北魏进攻中山，击溃了慕容麟，占领中山。麟逃到邺城后，为慕容德所杀。[①]　至北魏天兴二年（399），北魏先后又攻占了并州及山东六州之地。其间，史书记载了此年，有西河（今山西汾阳）"丁零帅翟同"等其他少数民族部落降附于北魏的事。[②]同年，原中山太守仇儒推赵淮为主，起兵反抗北魏，"聚党二千人，连引丁零"，后被北魏长孙肥率军镇压下去。[③]

从上述北魏在占据今河北、山西等地时，该地区丁零的情况看，大部分丁零受后燕统治者利用，与北魏相对抗，最后失败，只有很少一部分丁零表示投归北魏。可是，到5世纪后，上述地区的丁零均处于北魏的统治之下了。

北魏统治下的丁零，分布在以下几个主要地区：

1. 西山丁零。西山，即指今太行山，因其在河北平原之西，故河北平原

---

①　《魏书》卷2《太祖纪》；《十六国春秋辑补》卷45《后燕录》。

②　《魏书》卷2《太祖纪》。

③　《魏书》卷26《长孙肥传》；同书卷2《太祖纪》。

人称之为西山。自五胡十六国以来，这里就是丁零聚居之地，有翟氏、鲜于氏、路氏等丁零。

2. 定州丁零。北魏定州治中山，与西山邻近，故中山丁零与西山丁零常相犄角，敌来则入山，敌退则复出，每为统治者所难治。[①]

在定州还有常山丁零和赵郡丁零（今河北赵县）。行唐等地也是丁零经常出没的地方。

3. 并州丁零。并州的丁零主要聚居于并州南边的上党郡（治今山西潞城西）的壶关一带。所以，又有上党丁零之称。

4. 密云丁零。北魏密云即今北京密云。此处丁零似不多。

5. 榆山丁零。榆山在今北京居庸关附近，与太行山东麓相接，故榆山丁零实际上是西山丁零的一支。

6. 西河丁零。前述丁零翟同即属西河丁零。魏西河郡治今山西汾阳，在吕梁山东麓。西河丁零可能大都居住在吕梁山中。

7. 朔州丁零。魏朔州治今内蒙古和林格尔北，此处丁零大都姓鲜于氏。

8. 代郡丁零。此处原是北魏京师平城的所在地。北魏太平真君八年（447），北魏徙定州丁零三千家于平城。[②] 北魏太和十八年（494），北魏迁都洛阳，平城的部分丁零可能也随统治阶级迁至洛阳。《魏书》卷19中《任城王附元顺传》记：北魏孝庄帝时，顺为其陵户鲜于康奴所杀。此鲜于康奴，当为丁零鲜于氏，且可能是由平城迁至洛阳的。

此外，在十六国时期，出现于甘肃陇西等地的丁零，到北魏时再未见于记载。可能这时居住于这里的丁零已完全融合到当地的汉族之中了。

北魏统治阶级本是入中原的少数民族——拓跋鲜卑，在他们统治北方后，对其他各族人民采取了压迫和歧视的政策。特别是对十六国以来地位低下的丁零，压迫和剥削尤为残酷。

我们只要看一看北魏时丁零聚居的地区就可知道，丁零大都被迫居住在太行山、吕梁山及近山的偏僻郡县里。如在丁零最集中的定、并两州，绝大

---

① 参见马长寿《中国兄弟民族史》。
② 《魏书》卷4下《世祖纪下》。

部分丁零是"山居"。①他们不仅要向北魏统治者纳税服役②，而且还要受当地官吏额外的勒索和压迫。北魏永兴三年（411），安同奉命循察定、并二州及诸山居杂胡、丁零，后上表说："窃见并州所部守宰，多不奉法。又刺史擅用御府锻工古彤为晋阳令，交通财贿，共为奸利。"③对丁零人民尤是如此。这些地方官吏根本不把丁零人民当作人。《魏书》卷33《公孙表附轨传》记载了这样一件事：

> 会上党丁零叛④，轨讨平之。……轨既死，世祖谓崔浩曰："吾行过上党，父老皆曰：公孙轨为受货纵贼，使至今余奸不除，轨之咎也。其初来，单马执鞭；返去，从车百两，载物而南。丁零渠帅乘山骂轨，轨怒，取骂者之母，以矛刺其阴而杀之，曰：'何以生此逆子！'从下到擘，分磔四支于山树上以肆其忿……"

这是史籍幸存的一个典型例子。公孙轨至上党镇压丁零起义时，"单马执鞭"，而返去时"从车百两，载物而南"。这些财物正是他从丁零和当地人民身上搜括而来。为了泄其私愤，竟然惨无人道地屠杀丁零人民。

北魏统治者还经常征发丁零服兵役，充当炮灰。如北魏泰常三年（418），北魏护高车中郎将薛繁曾率高车、丁零十二部大人北略至弱水。北魏延和元年（432），北魏进攻和龙的北燕冯弘时，遣安东将军、宣城公奚斤发幽州民及密云丁零万余人，运攻具。⑤北魏统治者对丁零军士的生命毫不顾惜，甚至视之为"祸害"。《宋书》卷74《臧质传》记：

> （宋文帝太延）二十八年正月初，（拓跋）焘自广陵北返，便悉力攻

---

① 《魏书》卷3《太宗纪》说：永兴三年（411），"己亥，诏北新侯安同等持节循行并、定二州及诸山居杂胡、丁零"。此云"山居"丁零，可见定、并二州丁零，大部分居于山中。

② 《魏书》卷30《周几传》云："泰常初，白涧、行唐民数千家负崄不供输税……"此系指白涧、行唐之丁零翟猛雀等负崄不供输税，可见平时他们要供输税。

③ 《魏书》卷30《安同传》。

④ 按《公孙表传》在记此事前，说："及刘义隆将到彦之遣其部将姚纵夫济河，攻冶坂。"此事《资治通鉴》卷121系于宋文帝元嘉七年（430）八月。故知上党丁零叛，当在430年左右。

⑤ 《魏书》卷4上《世祖纪上》；同书卷29《奚斤传》。

盱眙……焘与质书曰："吾今所遣斗兵，尽非我国人，城东北是丁零与胡，南是三秦氐、羌。设使丁零死者，正可减常山、赵郡贼；胡死，正减并州贼；氐、羌死，正减关中贼。卿若杀丁零、胡，无不利。"

当然，这些话是拓跋焘表示兵多，故意满不在乎。但是，从这番话里，可以清楚地看到北魏统治者对丁零等少数民族的歧视和压迫。

在北魏统治阶级的残酷压迫和剥削下，丁零人民不断掀起了反抗北魏统治者的斗争。

丁零反抗北魏压迫最早的一次爆发于北魏天兴五年（402），先后共两起。一起是在二月，常山丁零鲜于次保等拥立沙门张翘为"无上王"，聚众起兵于行唐。四月，才被北魏太守楼伏连所镇压，张翘被杀。[①] 另一起爆发于十一月，上党丁零翟都与秦颇（汉人）聚众起义于壶关。北魏遣中山太守莫提领三千军队进行镇压，秦颇被杀。翟都退至林虑（今河南林县）山中。后莫提"搜山穷讨"，起兵失败。[②]

到北魏泰常二年（417），榆山丁零翟蜀派人暗通刘宋，企图联宋反魏。事泄后，翟蜀等退入西山，联合西山丁零路支等起事。但不久即被北魏派遣的周幾、叔孙建等血腥镇压下去。[③]

与此同时，上党丁零再次起义。他们在丁零翟猛雀的率领下，聚集在今山西阳城北的白涧山，抗纳捐税，与上述翟蜀起义遥相呼应。北魏统治者慌忙派遣张蒲、长孙道生等率大军进行镇压。张蒲见起义军势众，用分化利诱起义军的狡计，瓦解了白涧山起义军。翟猛雀败走林虑山，后被杀。其余起义军北逃至行唐和襄国（今河北邢台），也被周幾所屠杀。[④]

《魏书》卷51《韩茂传》还记载了在魏太宗时（409—423），有丁零翟猛的起义。这次起义可能规模很大，北魏拓跋嗣甚至亲自率军镇压。可惜的是，关于这次起义的具体时间、地点及情况，再不见于其他史籍的记载。

---

① 《魏书》卷2《太祖纪》；同书卷30《楼伏连传》。
② 《魏书》卷2《太祖纪》；同书卷28《莫提传》。
③ 《魏书》卷3《太宗纪》。
④ 《魏书》卷30《周幾传》；同书卷33《张蒲传》；同书卷14《吉阳男比干传》等。

到北魏神䴥元年（428），定州丁零鲜于台阳、翟乔等约二千余家掀起了反抗北魏统治者的武装斗争。他们以西山为根据地，四出攻击州县，并击败了前来围剿的州军。直至第二年春，由于起义军首领鲜于台阳的投降，起义才宣告失败。[①]

接着在430年左右，上党丁零又发动起义，后被公孙轨等血腥镇压下去。

北魏正平二年（452），西山丁零数千家重新发动起义。他们进攻并、定两州，引起极大的震动。北魏忙派陆真与定州刺史许崇之、并州刺史乞伏成龙，合而围剿，起义军失败。[②] 过了四年，并、定两州的丁零数千家又聚众于井陉山（今河北井陉东南）重举义旗。最后在许崇之、乞伏成龙的夹击下失败。[③]

上述各次丁零起义势力分散，没有形成一个统一的指挥，行动又无一定的计划和目的，只是攻击个别郡县城池。同时，他们的起义往往没有很好地联合其他族人民，势孤力单。因此，起义一爆发就为北魏军队所镇压。这是丁零起义之所以失败的主要原因。

到6世纪20年代，北魏的阶级矛盾和民族矛盾进一步激化。北魏正光四年（523）爆发了著名的"六镇起义"。起义军以六镇边兵为主体，沉重打击了北魏的统治，各地饱受北魏统治者压迫和剥削的各族人民纷纷响应。北魏孝昌二年（526）五原降户鲜于修礼起义于定州之左人城（今河北唐县），号鲁兴元年。鲜于修礼本是北镇边兵，起义群众大部分是北镇的流民。他们在左人城起义后，企图攻取定州，以解救城内大批流民，"共为举动"。[④] 接着，朔州又有鲜于阿胡、库狄丰乐等据城起义[⑤]，此两姓均为丁零（敕勒）姓氏，起义军中当有一部分丁零人。

鲜于修礼起义的声势很大，且与前一年起义于柔玄镇的杜洛周相呼应。杜洛周率军南下攻取幽、冀州，与修礼会合，众有十余万人。[⑥] 起义军先后

① 《魏书》卷4上《世祖纪上》。
② 《魏书》卷30《陆真传》。
③ 《魏书》卷5《高宗纪》。
④ 《魏书》卷68《甄琛传》。
⑤ 《魏书》卷9《肃宗纪》。
⑥ 《梁书》卷56《侯景传》。

多次击溃了北魏派来镇压的军队。于是，北魏广阳王元渊、并州刺史杨津等用封官许爵、授予铁券等手段，引诱修礼部下毛普贤、程杀鬼、元洪业、尉灵根、潘法显等。后来，叛徒元洪业终于杀死修礼，准备降魏。修礼部下葛荣又杀元洪业等，重举义旗。[①] 此后，葛荣转战在山西、河北一带，势力发展很快。至北魏武泰元年（528），葛荣攻杀杜洛周，并其众，拥有定、殷（治今河北内丘）、冀、瀛（治今河北河间）、沧（治今河北南皮）等五州，兵众数十万，号称百万。同年八月，葛荣为北魏尔朱荣所败，被俘后，处死于洛阳。余部分成数股，继续反抗北魏。

以鲜于修礼、葛荣为首的起义军虽然最后为尔朱荣所镇压，但是起义军基本上动摇了北魏的统治基础。从这支起义军首领的姓氏（鲜于氏）及活动地区来看，起义军中必然有一部分的丁零人参加，这是毫无疑问的。可是，为什么史籍没有明确地指出这一点呢？我们在翻阅有关南北朝史籍的过程中，发现了这样一个事实，即在 6 世纪后，有关丁零活动的记载就基本上消失了。到北齐、北周，以至隋唐时，丁零之名更是很少见于记载。这一情况，正好说明：长期居于内地的丁零，已在北魏后期基本融合到当地的汉族之中。所以，在 6 世纪后，除了从姓氏上还可以判断出哪些是丁零姓氏而外，再也找不到关于丁零的明确记载了。

二、北朝统治下的敕勒及其反抗斗争

这里所说的"敕勒"，是指在 4 世纪以后，陆续迁入漠南或内地、受北魏统治的属突厥语族的民族。南北朝时，也称作"高车"。前已言之，自 4 世纪末 5 世纪初游牧于漠北约六七十万敕勒被北魏迁至漠南一带游牧。

北魏统治者对这些被征服的敕勒是怎样进行统治的呢？《魏书·高车传》说：

---

① 《魏书》卷18《广阳王建附渊（深）传》；同书卷58《杨播附津传》等。两书记载略有出入，因《魏书》卷18系后人所补，故以卷58《杨播附津传》为准。

太祖时，分散诸部，唯高车以类粗犷，不任使役，故得别为部落。

据此可知，在漠南的敕勒各部，保存了原来的部落形式，仍然过着游牧生活。北魏从事畜牧的人民，大致可分为三类：一类是解散部落以后的自由牧民；二是在国有牧场上放牧国有牲畜的牧人；三是附属于北魏的诸部落的牧民。而敕勒各部绝大多数则属于第三类。[①] 其中也有一部分转化为国有牧场的牧人，即所谓"费也头"（牧子）者。如《北齐书》卷2《神武纪下》说：天平三年（536）正月，"神武率库狄干等万骑袭西魏夏州……擒其刺史费也头斛拔俄弥突"。此"斛拔俄弥突"，应作斛拔弥俄突，即高车贺拔氏。称其为费也头，其原为北魏国有牧场之牧人无疑。

北魏在这些附属的敕勒部落设置有监视和管理他们的官吏。北魏神𪊨二年（429），北魏将几十万漠北敕勒迁至漠南后，曾"诏司徒平阳王长孙翰、尚书令刘洁、左仆射安原、侍中古弼镇抚之"[②]。又前述高车倶利曷莫弗敕力犍、解批莫弗幡豆建率部先后附魏，北魏除封两部首领为扬威将军、威远将军外，还在各部"置司马、参军"[③]。按《晋书》卷97《北狄传》记："建安中，魏武帝（曹操）始分其（匈奴）众为五部，部立其中贵者为帅，选汉人为司马以监督之。"北魏在归附敕勒部内设"司马、参军"，显然是仿照曹魏对入居内地匈奴部落的管理方法。除此而外，北魏在敕勒各部还置有"护高车中郎将"等职。《资治通鉴》卷118"晋安帝义熙十四年正月"条记："魏主嗣至平城，命护高车中郎将薛繁帅高车、丁零北略……"[④] 下胡注云："魏仿汉置匈奴中郎将之官置护高车中郎将。"可见，北魏吸取了汉魏以来统治者对入居内地的少数民族的管理制度，设置"司马、参军"、"护高车中郎将"等官，对归附的敕勒进行统治。但在敕勒内部仍然保留了原来的组织形式，各部首领（酋长）还是称"莫弗"。

北魏统治下的敕勒各部似有规定的游牧地区。因此，在史籍上有时称东

---

① 参见上引唐长孺：《魏晋南北朝史论丛》，第208、218页等。
② 《魏书》卷4上《世祖纪上》。
③ 《魏书》卷103《高车传》。
④ 这段记载又见《魏书》卷3《太宗纪》。

部、西部、北部敕勒，河西敕勒，五部高车、二部高车等。如果仔细分析一下，北魏统治下敕勒的分布及其名称，大致有以下四个部分：

1. 东部敕勒。按《资治通鉴》卷133"宋明帝泰始七年三月"条，胡注云："自魏世祖破柔然，高车、敕勒皆来降，其部落附塞下而居，自武周塞（今山西左云附近）外以西谓之西部，以东谓之东部，依漠南而居者谓之北部。"内云"高车、敕勒皆来降"，误。因为《通鉴》在多处提到高车即敕勒，二者不应有所区别。按胡注的说法，东部高车当指武周塞外以东，至濡源的敕勒诸部。主要集中在六镇中的柔玄、怀荒和御夷三镇。[1]

2. 西部敕勒。即指武周塞外以西，一直到五原阴山一带的敕勒部落，主要集中在六镇中的武川、怀朔、沃野等镇。

又《魏书》卷18《广阳王建附渊（深）传》说：六镇起义后，元深上言："今六镇俱叛，二部高车亦同恶党……"同书又记："东西部敕勒之叛，朝议更思深言……"可见，所谓"二部高车"即是指"东、西部敕勒"而言。

3. 北部敕勒。即指六镇稍北、漠南一带的敕勒部落。

4. 河西敕勒。河西即指黄河河套以西的地区。这里的敕勒最初是在北魏神䴥三年（430）北魏从上述三个地区迁去的三万余落，西边至白盐池（今陕西盐池北）。[2]

又《资治通鉴》卷129"宋孝武帝大明八年七月"条记："壬寅，魏主如河西。高车五部相聚祭天，众至数万。魏主亲往临视之，高车大喜。"关于五部高车祭天一事，在《魏书·高车传》中也有记载。此云魏主在河西，亲临高车五部祭天盛会，则所谓"五部高车"，当指河西敕勒中的五部高车。

以上是北魏前期敕勒分布的情况，到了后期，有一部分敕勒逐渐向南、向西迁徙。如有一部分敕勒因起义失败，被北魏统治者强迫迁入内地的冀、定、相（治邺城，即今河北磁城南）、青（治今山东益都）、徐（治今江苏徐州）、齐（治今山东济南）、兖（治今山东兖州）等州。在西部，高平、薄骨律（今宁夏吴忠西）、统万、上邽（治今甘肃天水）等军镇里也有敕勒。其

---

① 关于北魏六镇的设置及今地，见本书"柔然篇"。
② 《魏书》卷28《刘洁传》。

中尤以高平镇为多。前述高车国在 6 世纪初被嚈哒破灭，其中一部分就被北魏安置于高平镇。

北魏统治者对保持原来部落形制的敕勒的压迫和剥削也是十分残酷的。

敕勒人受到歧视，统治者根本不把他们当作人看待。前面提到，拓跋珪曾把漠北的敕勒与野兽围到一块儿，然后用狩猎的方式驱赶到漠南，并强迫他们修筑鹿苑。服劳役，是北魏统治者压迫和剥削敕勒的一种方式。

敕勒还要参加统治者的围猎，驱赶野兽。如北魏神麚四年，北部敕勒莫弗库若于（干）曾率部数万骑，驱鹿数百万至拓跋焘的住处，让他尽情猎取。[①]

北魏统治者每年要向敕勒各部收取贡赋。《魏书·高车传》说：漠北敕勒附魏后，在漠南千里之地，"乘高车，逐水草，畜牧蕃息，数年之后，渐知粒食，岁致献贡，由是国家马及牛羊遂至于贱，毡皮委积"。《资治通鉴》卷 121 "宋文帝元嘉六年十月"条补充说："魏主还平城。徙柔然、高车降附之民于漠南……使之耕牧而收其贡赋……"敕勒迁到漠南后几年，能使北魏马、牛、羊遂贱，毡皮委积。可见，每岁所交的贡赋是较重的。

北魏统治者压迫和剥削敕勒最主要的方式，还是经常征发他们服兵役，利用他们善于射骑的特点，为自己卖命。这也是北魏统治者不断向漠北发动掠夺战争的主要目的之一。崔浩就说过："高车号为名骑，非不可臣而畜也。"[②] 史书记载，北魏初期征高车，伐柔然，平定平凉赫连定等战役，均征发敕勒参加。[③]《魏书》卷 26《尉古真附眷传》还记：眷"……后征河南（河套南），督高车骑，临阵冲突，所向无前……"。同书卷 79《鹿悆传》载：悆到萧梁军中，梁豫章王综的军主们问北朝士马多少。鹿悆回答："……今有高车、白眼、羌、蜀五十万。"北魏太平真君六年（445），爆发了卢水胡盖吴领导的起义，北魏曾调发高平敕勒骑赴长安，以抵抗起义军。[④] 类似上述的例子还很多，不再一一列举。

---

① 《魏书》卷 4 上《世祖纪上》。
② 《魏书》卷 35《崔浩传》。
③ 《魏书》卷 103《蠕蠕传》；同书卷 28《古弼传》等。
④ 《魏书》卷 4 下《世祖纪下》。

正因为敕勒成了北魏军队中一支重要的力量，因此在太和二十三年（499）前，北魏的官制里，专门设置有"高车羽林郎将"（从第四品上），"高车虎贲将军"（从第四品下），"高车虎贲司马"、"高车虎贲将"、"高车羽林郎"（第六品下），"高车虎贲"（从第六品下）等官职。① 这些官职品位较低，可能是由敕勒人担任。

与服兵役相关的是，北魏统治者还常从敕勒中，简选"殿中武士"，作京师守卫。《魏书》卷19上《汝阴王天赐传》记载了高祖初，殿中尚书胡莫寒选西部敕勒豪富兼丁者为殿中武士之事。因"简选不平"，引起敕勒各部反抗。

此外，自5世纪20年代后，北魏在北边先后建立了许多军镇。除六镇之外，还有统万、薄骨律、高平、上邽等镇。这些地区都是敕勒各部游牧的地方，北魏统治者自然把他们分别划归各镇，充当边兵或服役。这从史籍中多次用镇名来称呼该地敕勒的情况可看出。

在北魏边镇中服兵役的敕勒，除了出征打仗之外，平时则遭受到镇守官吏的残酷压榨。六镇初设时，地广人稀，北魏征发中原子弟戍守。但到以后，随着北魏政权的日益腐败，边镇将官多如牛毛，仅沃野一镇，自将已下八百余人。② 而镇守将官"专事聚敛"，"政以贿立"。③ 他们霸占肥腴土地，把瘠土荒畴给百姓，"因此困弊，日月滋甚"④。这仅是边镇官吏对镇兵和当地百姓的剥削和压迫，至于地位低于一般百姓的敕勒人所受的"侵夺"和压迫就可想而知了。无怪乎北魏一个官吏辛雄在谈到六镇起义时，曾感慨地说："……自此夷夏之民相将为乱。岂有余憾哉？盖由官授不得其人，百姓不堪其命故也。"⑤

北魏统治阶级对敕勒实行民族歧视和压迫的政策，也必然引起敕勒人民不断地反抗。

北魏神䴥二年，当北魏从漠北将数十万敕勒迁于漠南后，第二年敕勒

① 《魏书》卷113《官氏志》。
② 《魏书》卷41《源贺附怀传》。
③ 《魏书》卷18《广阳王建附渊（深）传》。
④ 《魏书》卷41《源贺附怀传》。
⑤ 《魏书》卷77《辛雄传》。

"新民"（包括一部分柔然）不满北魏"将吏侵夺"，准备待牛马饱草后，返回漠北。当时，"镇抚"这批新民的刘洁、安原知悉后，上报朝廷，要求乘黄河未解冻之前，将一部分敕勒迁到河西，等黄河解冻后，敕勒就不易渡河北走。拓跋焘虽然对此意见不以为然，但在他们一再要求下，同意了。于是，刘洁等将三万余落敕勒分徙到河西。敕勒人民对此十分惊恐，以为是要将他们围于河西，斩尽杀绝，因此准备西走凉州。这时，刘洁与古弼屯兵于黄河北岸的五原，安原屯兵于悦拔城（今内蒙古伊金霍洛旗西北），准备截击北走的敕勒。同年三月，有河西、云中敕勒千余家北走，被刘洁所追截。结果这部分敕勒因粮断绝，死于戈壁。①

四月，云中敕勒不愿西迁河西，相率聚集约万余落北走，后被尚书封铁所屠杀。②

北魏延和三年（434），怀荒镇敕勒因不堪镇将郎孤的压迫，杀郎孤起义，后被北魏镇压下去。③

到太平真君五年（444），北部敕勒五千余落杀北魏立义将军、衡阳公莫孤起义，企图返回漠北。后被北魏军队追至漠南，起义渠帅被杀，其余敕勒被强迫迁到冀、相、定三州，充作"营户"。④《资治通鉴》卷124引上文后，胡注引《通典》说："魏道武天兴中，诏采漏户，令输纶绵。自后诸逃户占为绌茧［蠒］（《通典》原文作'蠒'）罗縠者甚众，于是杂营户率偏于天下，不隶守宰，赋役不同（《通典》多'户口错乱'）；景穆皇帝一切罢之，以属郡县。"这条资料说明在北魏初期，"营户"很多，几乎遍于各地。

什么是"营户"呢？营户就是指军营占有的人户。这种营户制，在十六国时期就十分盛行，前秦、前燕、后燕、后秦等政权都有大量的营户。《晋书·慕容暐载记》说：前燕仆射悦绾言于暐曰："太宰政尚宽和，百姓多有隐附。……今诸军营户，三分共贯，风教陵弊，威纲不举，宜悉罢军封，以实天府之饶，肃明法令，以清四海。"后来，慕容暐采纳了悦绾的建议，"出户

---

① 《魏书》卷28《刘洁传》；同书卷4上《世祖纪上》。
② 《魏书》卷4上《世祖纪上》。
③ 《魏书》卷40《陆俟传》。
④ 《魏书》卷4下《世祖纪下》。

二十余万"。又《资治通鉴》卷 108 "晋孝武帝太元二十一年六月"条也说：后燕慕容宝"定士族旧籍，分辨清浊，校阅户口，罢军营封荫之户，悉属郡县"。下胡注云："军营封荫之户，盖诸军庇占以为部曲者。"可见，营户又叫"军封"或"荫户"，它不隶属于地方郡县，不向国家纳税服役，只是为军队中的王公贵族们服役，或耕种田地，或牧放牲畜。这种营户是北边的少数民族部落带来的，但同时恰恰又结合了从三国时期就已产生，而此时正在发展的内地部曲制度。①

北魏继承了十六国以来的营户制，而且营户的数量很多。北魏统治者把起义失败后的北部敕勒迁到内地，配给军队作营户，强迫他们为军队服役，可能主要是牧放马匹及其他牲畜。这对于原来有自己的部落组织、仅附属于北魏的敕勒牧民来说，无疑是一种"惩罚"。因为营户的地位和待遇，要比作为附属部落的牧民低得多。

北魏统治者对起义的敕勒的屠杀和惩罚，并没有使他们屈服。北魏皇兴五年（471）至延兴二年（472），北边诸镇的敕勒又掀起了反抗北魏压迫的起义。这次起义的导火线是：北魏殿中尚书胡莫寒（即敕勒纥骨莫寒）在西部敕勒简选殿中武士，因莫寒"大纳财货"，引起众怒，爆发了起义。起义军首先杀死莫寒及高平假镇将奚陵，联络各地敕勒共同起义。北魏忙派汝阴王天赐、给事中罗云等率军镇压。起义军利用罗云麻痹大意，以轻骑数千击溃魏军，杀死罗云，天赐逃跑。是役，魏军被杀者十之五六。②在胜利的鼓舞下，河西敕勒，包括沃野、统万、上邽、高平诸镇的敕勒起义，获得了迅速的发展。

这时，北魏统治者重新派遣太尉、陇西王源贺等率军扑向起义军。源贺先击河西敕勒，降二千余落，追击起义军于枹罕（今甘肃临夏东北），斩首五千余级，虏获男女三万口，杂畜三万余头。接着，源贺又复击统万、高平、上邽三镇敕勒起义军于金城，斩首三千级。最后，将余下的敕勒迁至冀、相、定三州为营户。③

---

① 唐长孺：《魏晋南北朝史论丛》，第164—168页。
② 《魏书》卷19上《汝阴王天赐传》；同书卷6《显祖纪》。
③ 《魏书》卷41《源贺传》；同书卷7上《高祖纪上》等。

　　河西敕勒起义虽然被血腥镇压下去，但是东部敕勒即于次年初聚众北投柔然。北魏拓跋宏率军追截，不及而还。[①] 接着，连川敕勒又发动起义，北魏在镇压这次起义后，将这里的敕勒徙配青、徐、齐、兖四州为营户。[②] 至此，延续了将近一年的敕勒各部起义才告失败。

　　过了一年（473），正当柔然进攻北魏边境时，柔玄镇二部敕勒乘机起义。[③] 史书未言此次起义结果，想必有部分敕勒随柔然返回了漠北。

　　到北魏太和二十二年（498），因北魏征发敕勒南征南齐，敕勒不愿到南方作战，遂公推袁纥部树者为首领，聚众起义，准备北投柔然。起义军击败了北魏宇文福所率魏军，进入漠北。北魏统治者命江阳王元继都督北讨诸军事，并且罢了宇文福的官。元继采取分化利诱的办法，先派人勾引起义首领树者，诱他返回漠南。结果树者率部返回，投降了北魏。[④]

　　到正光四年，著名的六镇起义爆发了。六镇是敕勒聚居的地区，因此起义一爆发，各地敕勒纷纷响应。最早揭竿而起的是沃野镇匈奴人破六韩拔陵。接着在次年，高平镇敕勒首领胡琛起兵响应，致使起义的烈火燃遍了北边各镇。当时，元深在奏言中惊呼："今六镇俱叛，二部高车，亦同恶党……"[⑤] 到孝昌元年（525），又有柔玄镇人杜洛周率边兵起义于上谷，"号年真王，攻没郡县，南围燕州"[⑥]。杜洛周，《梁书·侯景传》作"吐斤洛周"。据周一良先生考证，认为吐斤即度河、度斤，北魏塞北有度河（斤）镇，内多住高车，故杜洛周可能是敕勒人。[⑦] 如此论确实，那么杜洛周起义基本上就是以敕勒人为主的。到孝昌二年，又有西部敕勒斛律洛阳起义于桑乾西，他与河西牧子（费也头）起义相呼应，互为犄角。[⑧] 又有敕勒北（"叱"之讹）列步若起义于沃阳（今内蒙古凉城附近）。[⑨]

---

① 《魏书》卷 7 上《高祖纪上》。
② 同上。
③ 同上。
④ 《魏书》卷 7 下《高祖纪下》；同书卷 44《宇文福传》；同书卷 16《京兆王黎附继传》等。
⑤ 《魏书》卷 18《广阳王建附渊（深）传》。
⑥ 《魏书》卷 9《肃宗纪》。
⑦ 周一良：《北朝的民族问题与民族政策》，《燕京学报》1950 年第 39 期。
⑧ 《魏书》卷 9《肃宗纪》；同书卷 74《尔朱荣传》。
⑨ 《魏书》卷 74《尔朱荣传》。

事实上，六镇起义及其影响所及的起义几乎遍于各地，深受北魏统治者压迫和剥削的各族人民纷纷拿起武器，与统治者做拼死的斗争。除上述的敕勒起义外，还有匈奴（破六韩拔陵等）、鲜卑（万俟丑奴）[①]、羌（莫折太提父子等）、氐（王庆云等）[②]、汉（葛荣等）、属敕勒的丁零（鲜于修礼、鲜于阿胡等）。敕勒是各地起义军中一支主要的力量。

起义军最后虽被北魏尔朱荣父子先后镇压下去，但起义军最终摧毁了北魏的统治基础。而后，从起义军中分化出来的高欢，就是用"与尔俱失乡客，义同一家"等甜言蜜语，把六镇起义军（包括敕勒）作为他篡夺北魏政权的资本，最后建立了北齐政权。高欢在临终时对其子说："……厍狄干鲜卑老公，斛律金敕勒老公，并性遒直，终不负汝。"[③]周一良先生认为，这象征着北齐政权所依赖的两大武力：一是鲜卑人，另一个就是敕勒人。[④]

北魏统治者对一般的敕勒人民实行民族歧视和压迫的政策，但对敕勒的上层则倍加笼络，封官赠爵，目的是企图利用他们来巩固自己的统治。如早在拓跋魏形成之前，融合于拓跋鲜卑的敕勒乙旃氏、纥骨氏中，就有不少人任北魏的官吏。见于记载的有"永城侯胡泥（纥骨泥）"[⑤]，前述的"叔孙建（乙旃幡能健）"、"叔孙侯（乙旃侯莫干）"、"北部大人叔孙普洛"[⑥]、"将军叔孙拔"[⑦]、"给事中乙旃括"[⑧]，等等。北魏天兴五年，高车斛律部首领倍侯利降魏后，深得拓跋珪的信任，被封为孟都公，死后谥曰"忠壮王"[⑨]。还有魏"领军斛律桓"[⑩]、"都督斛律沙门"[⑪]，北齐有"斛律金"等。姓贺拔或斛拔的敕

① 万俟氏应为鲜卑族。费长房《历代三宝纪》等所记北齐居士万（万俟）天懿原是鲜卑族可证。
② 史称王庆云为"白马龙涸胡"，应是氐族，说见周伟洲：《甘肃张家川出土北魏〈王真保墓志〉试析》，《四川大学学报》1978 年第 3 期。但是，也有可能为匈奴屠各。
③ 《北齐书》卷 2《神武纪下》。
④ 见周一良《北朝的民族问题与民族政策》。
⑤ 《魏书》卷 89《胡泥传》。
⑥ 《魏书》卷 2《太祖纪》。
⑦ 《魏书》卷 4 下《世祖纪下》。
⑧ 见《孝文吊比干文碑阴》。
⑨ 《魏书》卷 103《高车传》。
⑩ 《魏书》卷 103《蠕蠕传》。
⑪ 《魏书》卷 11《出帝纪》。

勒有"符节令贺拔舍"[①]、"夏州刺史斛拔弥俄突"[②] 等；姓屋引氏（房氏）的有"北镇将房杖"[③]、"太守房谟"[④]；姓斛斯氏的有"司空斛斯椿"[⑤] 等。

这一事实说明，北魏统治者鲜卑族与敕勒族之间的民族矛盾，本质上还是阶级矛盾。在阶级社会中，各族的统治阶级都是沆瀣一气，共同压迫和剥削各族人民的。敕勒人民前仆后继，不断掀起反抗的浪潮，最后同各族人民一起动摇了北魏的统治，在中国历史上写下了光辉的一页。

北魏统治下敕勒的历史，当然主要是上述压迫和反压迫的历史。然而，事物总是一分为二的，在当时的历史条件下，漠北敕勒向漠南和内地的迁徙，仍然有一定的积极意义。

首先，数有几十万的敕勒迁到漠南，接触了中原地区先进的社会经济和文化，这必然对敕勒社会本身产生强烈的影响。可惜有关这方面的史料太少。上引《魏书·高车传》说：神麚二年数十万敕勒迁到漠南后，"数年之后，渐知粒食……"。也就是说，原来敕勒是一个游牧部落，自徙居漠南后，接触了中原先进的农业，知道了吃粮食或耕种。

同时，敕勒的南迁，与北魏北边诸镇各族人民杂居错处，加速了各族人民的融合。特别是其中一部分迁入内地作"营户"，以及在北魏政权中做官为吏的上层分子，更是较快地融合到中原汉族之中。到了北魏末年六镇起义后，参加起义的敕勒转战在中原各地，通过不同的途径，最后大部分融合到汉族之中。这也就是北朝统治下敕勒最后的下落。

---

① 　见《孝文吊比干文碑阴》。
② 　《周书》卷 14《贺拔岳传》。
③ 　《魏书》卷 5《高宗纪》。
④ 　《北史》卷 55《房谟传》。
⑤ 　《魏书》卷 80《斛斯椿传》。

柔然篇

第一章　柔然的兴起及其内部的氏族、部落组成

一、柔然的族源、族属和称号等问题

4世纪末5世纪初，在蒙古草原上兴起了一个自称"柔然"的民族。这个民族建立了一个像匈奴那样强大的政权，存在时间达一个半世纪之久。在中国史籍中，有时又称这个民族叫"蠕蠕"（《晋书》）、"蠕蠕"（《魏书》）、"芮芮"（《宋书》、《南齐书》、《梁书》等）或"茹茹"（《北齐书》、《周书》、《隋书》等）。

关于柔然的族源，中国史籍有几种说法：一种是《魏书》的说法，认为柔然是"东胡之苗裔也"[①]；另一种是《宋书》、《梁书》的说法，以为柔然（芮芮）是"匈奴别种"[②]；此外，还有一说法是把柔然看作是"塞外杂胡"[③]。中外学者大都倾向《魏书》的说法，把柔然视为东胡中鲜卑的后裔，而对后两种说法则完全持否定态度。这种看法基本上正确，但对后两种说法完全持否定态度也是不妥的。因为后两种说法多少包含有合理的因素，不能完全否定。

中国很早以来就是一个多民族统一的国家。在研究中国古代民族的族源时，往往会碰到"同源异流"和"异源合流"的问题。所谓"同源异流"就是同一个族源的民族因迁徙或与其他民族融合的情况不同，逐渐发展和形成

---

① 《魏书》卷103《蠕蠕传》。《魏书》此卷原缺，此系后人补成。又《北史》卷98《蠕蠕传》无此句。
② 《宋书》卷95《索虏传》；《梁书》卷54《西北诸戎传》。又赵万里：《汉魏南北朝墓志集释》卷11，有"郁久闾伏仁墓志铭"，内云："君讳伏仁，本姓茹茹。夏有淳维，君其苗裔。"史书一般记匈奴是夏淳维的后代，故此志似将柔然作为与匈奴同源的民族，与《宋书》等说"匈奴别种"意思相同，故附于此。
③ 《南齐书》卷59《芮芮虏传》。

了几个不同的民族；所谓"异源合流"，即是几个不同族源的民族因迁徙、融合，或因政治上的统一，而最终融合为一个使用同一种语言，有共同经济和文化的民族。[①] 在探讨柔然的族源问题时，这两种情况均可遇见。

从大量的历史文献的记载来看，柔然的族源本是东胡，而且是东胡中的拓跋鲜卑。《魏书·蠕蠕传》说得十分明确：

> 蠕蠕，东胡之苗裔也，姓郁久闾氏。始神元之末，掠骑有得一奴，发始齐眉，忘本姓名，其主字之曰木骨闾。"木骨闾"者，首秃也。木骨闾与郁久闾声相近，故后子孙因以为氏。木骨闾既壮，免奴为骑卒。穆帝时，坐后期当斩，亡匿广漠溪谷间，收合逋逃得百余人，依纥突邻部。

从这段记载中，可知姓郁久闾氏的柔然最早是在拓跋鲜卑始祖神元皇帝力微后期（力微死于 277 年）形成的。柔然始祖木骨闾原是拓跋鲜卑贵族的奴隶，因其头秃，故名木骨闾，讹为郁久闾，以后子孙繁衍，均以此为姓氏。关于柔然"首秃"的问题，历史文献有两种不同的记载：一种是《南齐书》、《梁书》的记载，说柔然人是"辫发左衽"，即同拓跋鲜卑的"索头"一样；另一种是《魏书》卷 102《悦般国》的记载，内云悦般国人入柔然境，"见其部人不浣衣，不绊发"，不绊发即髡头。《魏书·蠕蠕传》明言柔然木骨闾为"首秃"之意，自然与拓跋鲜卑"索头"异，故髡头一说较正确。但是，也不排除柔然妇女或其他部落有辫发的可能。

到拓跋鲜卑穆帝猗卢（304—316）时，木骨闾因获罪，逃亡到广漠溪谷，收集逋逃，得一百余人，投依纥突邻部。以后，"木骨闾死，子车鹿会雄健，始有部众，自号柔然，而役属于国（北魏）"[②]。柔然早期传说的这段历史，明确指出柔然是从拓跋鲜卑当中分离出去的一支。

同时，在《魏书·蠕蠕传》中，柔然一个投降了北魏的首领阿那瓌曾对孝明帝元诩说："臣先世源由，出于大魏。"元诩回答是"朕已具之"，表

---

① 马长寿：《乌桓与鲜卑》，"总叙"。
② 《魏书》卷 103《蠕蠕传》。

示认可。北魏是由拓跋鲜卑所建，而所谓"拓跋鲜卑"，乃是东胡鲜卑中的一支，他从原始居地不断南迁，与匈奴融合，有鲜卑父匈奴母的含义在内。① 另一种名为"秃发鲜卑"或"河西鲜卑"的部落，也是鲜卑族与匈奴族融合后的称谓，拓跋即秃发，这早已为前人所指出。② 如果柔然源出于拓跋鲜卑，那么他与河西鲜卑也应同源。关于这个问题，中国史书也有明确记载。《晋书》卷130《赫连勃勃载记》曾记："时河西鲜卑杜崘献马八千匹于姚兴……"据《魏书》卷28《贺狄干传》记，此事在北魏天赐年间（404—408），"河西鲜卑杜崘"，写作"蠕蠕社崘"。可见，《晋书》所记之"河西鲜卑杜崘"，应即柔然的首领社仑，"社"、"杜"形近而讹。称柔然为河西鲜卑（秃发鲜卑），证明柔然、拓跋、秃发均有一个共同的族源，都是鲜卑族与匈奴族融合后形成的。

此外，柔然的语言、风俗习惯以及经济文化等方面都与早期拓跋鲜卑相同。关于这个问题，下面将要叙及。

总之，柔然与拓跋鲜卑有着共同的族源，且是从拓跋鲜卑中分出去的一支。以后，柔然活动在大漠南北，与进入中原地区的拓跋鲜卑分道扬镳，在不同的地区，吸收了不同民族的文化，两者才出现了差异。因此，《魏书·蠕蠕传》说柔然是东胡的苗裔，完全正确。

为了说明柔然的族源问题，还必须搞清拓跋鲜卑的原始居地及早期迁徙的历史。关于这个问题，过去许多著作均有论述，我们只做简约的介绍。

据《魏书》卷1《序纪》里说，拓跋鲜卑原始居地在"幽都之北，广漠之野"的大鲜卑山。有的学者考证，大鲜卑山当在今东北大兴安岭的北段，此说已为1980年在大兴安岭北部丛山密林发现的嘎仙洞内北魏拓跋焘致祭祖先的祝文所证实。③ 到拓跋鲜卑最早的始祖毛以后第六世宣皇帝推寅时（约

---

① 参见马长寿：《乌桓与鲜卑》，第30页。
② 钱大昕：《廿二史考异》卷22云："案秃发之先，与后魏同出，秃发即拓跋之转，无二异也。古读轻唇音如重唇，故赫连佛佛即勃勃。发从犮得声，与跋音正相近。魏伯起书尊魏而抑凉，故别而二之，《晋史》亦承其说。"不仅如此，《魏书》卷41《源贺传》记：贺为秃发傉檀之子，故拓跋焘对贺说："卿与朕源同，因事分姓，今可为源氏"，此也可证拓跋、秃发同源也。
③ 马长寿：《乌桓与鲜卑》，第238—239页；米文平：《大兴安岭北部发现鲜卑石室遗址》，《光明日报》1980年11月25日。

1世纪前叶），拓跋鲜卑由额尔古纳河、大兴安岭北段向南迁徙到"大泽"（今黑龙江呼伦池）。考古工作者在呼伦池的东面和北面的完工、札赉诺尔等地发掘到了早期拓跋鲜卑的墓葬。从出土的文物判断，当时拓跋鲜卑是"畜牧迁徙，射猎为业"，处于原始社会末期的部落联盟阶段。[①] 至始祖毛以后十三、十四世的献帝邻、圣武帝诘汾（约在2世纪中叶），拓跋鲜卑又由呼伦池一带南迁，经"九难八阻"，最后"始居匈奴故地"。此匈奴故地，是指阴山北头曼城一带，匈奴头曼、冒顿单于发迹之处。柔然是在诘汾的儿子神元帝力微的末期逐渐形成，到穆帝猗卢时从拓跋鲜卑中分离出去的。因此，真正柔然的历史应该是从木骨闾氏的形成时开始，其最早的居地应为拓跋鲜卑最后南迁之匈奴故地，他的兴起同匈奴一样是在漠南河套东北及阴山一带。

柔然既然源于鲜卑与匈奴融合后的拓跋鲜卑，那么《宋书》等说他是"匈奴别种"，也就有一部分合理的因素在内。[②] 事实上，拓跋鲜卑也好，柔然也好，他们内部氏族、部落的组成是十分复杂的，并非仅是鲜卑和匈奴融合而成，而且还包括了敕勒等族在内。所以，《南齐书》称柔然为"塞外杂胡"，从某种意义上讲是十分恰当的。

同时，柔然、拓跋鲜卑和河西鲜卑皆源于东胡，而且都是鲜卑和匈奴融合之后形成的。以后，他们所居住的地区不同，逐渐发展成三个不同的部落集团，又分别建立了政权，成为"同源异流"一个最好的例证。

源于东胡拓跋鲜卑的柔然的语言系属，应与东胡的语系相同。关于东胡的语系，过去有的西方汉学家，如法国的沙畹（Chavannes, E.）、雷慕萨（Remusat, A.）等，认为东胡属阿尔泰语系通古斯语族，这是没有什么根据的。[③] 近世以来，中外学者大都认为东胡应属阿尔泰语系中的蒙古语族。许

---

① 参见宿白：《东北、内蒙古地区的鲜卑遗迹 —— 鲜卑遗迹辑录之一》，《文物》1977年第5期。
② 巴克尔（Parker, E. H.）：《鞑靼千年史》（中译本，第103页）云："蠕蠕姓郁久闾拓跋"，"而其竟取东胡字为姓者，则以当时匈奴衰微，东胡强盛，因袭其姓耳"。按巴克尔此句系源于《通典》卷196"蠕蠕"，内云："蠕蠕姓郁久闾。拓跋在北荒，部落主力微小，掠骑有得一奴……"巴克尔将此句误读为"姓郁久闾拓跋"，拓跋应连下句，作"郁久闾拓跋"误。又巴克尔氏是主张柔然源属匈奴族的。
③ 参见白鸟库吉：《东胡民族考》上编，中译本，第1—18页。

多学者，如冯承钧，日本的白鸟库吉、藤田丰八，法国的伯希和（Pelliot, P.）等，用比较语言学的方法来探求柔然的语言族属，基本上得出了一个相同的结论，即柔然属于阿尔泰语系蒙古语族。[1] 这与柔然的族源出自东胡的结论是完全吻合的。

下面谈一谈柔然的称号问题。

《魏书·蠕蠕传》说，木骨闾死后，其子车鹿会始有部众，自号柔然。又说："后世祖以其无知，状类于蛊（《北史·蠕蠕传》作'虫'），故改其号为蠕蠕。"从这段记载，知柔然称号始自车鹿会的自称，而蠕蠕之名则是北魏统治者对柔然侮辱性的改称。柔然，现代音读作 Róu-Rán；蠕蠕，现代音读作 Rú-Rú。其余如《晋书》卷 125《冯跋载记》的"蝚蠕"（Róu-Rú），南朝史书所称的"芮芮"（Ruì-Ruì），以及《北齐书》、《隋书》所称之"茹茹"（Rú-Rú），等等。皆因音译而字异，致使今读音微有差异。[2]

在这些语音微有差异的诸名称中，哪一个比较接近原来的语音呢？白鸟库吉等曾做过一番考证，并用比较语言学的方法，试图找出柔然名号的原音和意义。他认为："柔然之名乃车鹿会之所自命，其必取义嘉好，不待言也。"他引证《宋书》卷 95《索虏传》关于"芮芮一号大檀，又号檀檀"的记载，找出今蒙古语相应的对音为 Tsetsen 或 Ssetsen，意为聪明、贤明。[3] 藤田丰八认为：柔然即 ju-jen，是蒙古语 ju'sun 的对音，此语有礼义、法则之意。[4] 还有人认为柔然的原义，源于阿尔泰语的"异国人"或"艾草"等。[5] 我国学者冯家昇则不同意上述的意见。他指出白鸟库吉所引"大檀"、"檀檀"不是柔然的国名，而是人名（见《魏书·蠕蠕传》，柔然有可汗名大檀），不能以此名作柔然名号的正确读音。冯先生根据大同云冈石窟《茹茹造像题记》拓片，首行有"大茹茹国"的字样，认为："茹茹国上加'大'

---

[1] 白鸟库吉：《东胡民族考》下编，中译本，第 65—84 页；冯承钧：《高车之西徙与车师鄯善国人之分散》；伯希和：《汉语突厥名称之起源》，中译文见《西域南海史地考证译丛续编》；藤田豐八：《東西交涉史の研究》下篇"西域篇"，第 187—209 页；等等。

[2] 钱大昕：《廿二史考异》卷 22 云："蝚蠕即柔然也。《魏书》作蠕蠕，《宋》、《齐》、《梁》皆作芮芮，《周书》作茹茹，《北史》有蠕蠕传，而诸传间有作茹茹者，盖译音无定字。"

[3] 白鸟库吉：《东胡民族考》下编，中译本，第 67—71 页。

[4] 藤田豐八：《東西交涉史の研究》下编，第 205 页。

[5] 内田吟風：《北アジア史研究——鮮卑柔然突厥篇》，同朋舍 1975 年版，第 275—276 页等。

字，必茹茹人自称之辞"，"由是吾人可知茹茹乃其自择之字面，非柔然蠕蠕蝚蝚芮芮等辞为他人所称者可比"。又说：《北齐书》以后各史书作茹茹，而不作其他名称，这也说明"茹茹"是北魏之后"自择之名称"。①

冯先生所提到的大同云冈石窟《茹茹造像题记》拓片，作者有幸亲赴云冈，得见原石题铭。此题铭系刻在云冈编号为第十八窟窟门西壁上，下部已完全漫漶；上部除个别字还可辨识外，大部也已破毁。从字迹看，题铭共十二行。可辨认的字：首行顶格有"大茹茹"三字；第二行首有"可敦"两字；第三行首有"径斯"两字；第四行首有"□云"一字；第五行首有"让"一字；第六行首有"满"一字；第七行有"载之"二字；第八行首有"何常"二字；第九行首有"以兹"二字；第十行首有"谷浑"两字；第十一行首有"方妙"两字。冯先生据拓片说可辨识的字有"大茹茹国"、"吐谷浑"、"可敦"等字，其中"国"、"吐"两字，不是拓片原有的。

据中国文物考古工作者的鉴定，云冈第十八窟是北魏和平年间（460—465）最早开凿的五窟之一。② 从现存该窟东面窟门壁上雕满千佛的情况看，题铭所在的窟门西壁也应相对雕满千佛。但是，现存窟门西壁已破毁，壁上有残佛像，下面即是柔然题铭。显然，题铭是在窟成之后才刻上去的。据笔者考证，此题铭大约镌刻于534—552年间。③

题铭首称"大茹茹"，"茹茹"一词在中国史籍上最早出现在《北齐书》里。唐代林宝撰《元和姓纂》卷8九御"茹氏"条说："蠕蠕入中国，亦为茹氏，音去声。"同书卷2九鱼"茹茹氏"条说："其生蠕茹茹种类，为突厥所破，归中国。"按柔然人以"茹茹"自称或作为姓氏，实始于北魏后期。《汉魏南北朝墓志集释》图版一四七《元恭墓志》记：元恭妇，"茹茹主之曾孙"；同书图版五九一《闾伯昇暨妻元仲英墓志》亦记："公讳伯昇……高祖即茹茹主之第二子……"元恭死于北魏永安三年（530），伯昇死于兴和二年（540），内均自称"茹茹"。又《通志·氏族略第五》"茹茹氏"条记有

① 冯家昇：《蠕蠕国号考》，《禹贡》第七卷，1937年第八九合期。
② 山西省文物工作委员会、山西云冈石窟文物保管所编：《云冈石窟》，文物出版社1977年版。
③ 周伟洲：《关于云岗石窟的〈茹茹造像铭记〉——兼谈柔然的名号问题》，《西北大学学报》1983年第1期。

"后魏蔚州刺史高平国茹茹敦",可见,北魏后期柔然自己避免用北魏统治者强加于他们带侮辱性的称号"蠕蠕",而用"茹茹"作为自己的称号或姓氏。云冈石窟的柔然可敦崇佛题铭中的"大茹茹",也是采取"茹茹"作为自己的名号。

但是,真正接近柔然名号原音的,我以为并不是"茹茹"一词。在中国史籍所记的五个名号中,接近原音的应该是柔然人的自称和文献中出现较早的名号——柔然。

蝚蠕,是《晋书》所记,出现较早。① 唐代何超的《晋书音义》卷下记:"蝚蠕,上音柔,下而兖反",柔,唐韵作耳由反,则蝚蠕,唐代应读作 Róu-Ruǎn。《魏书·蠕蠕传》说,车鹿会"自号柔然"。柔然,唐代读作 Róu-Rán,与今音同。北魏拓跋焘时,被改为"蠕蠕",唐杜佑《通典》卷 196"蠕蠕"条记:蠕音而兖反,与何超所记相同,即应读作 Ruǎn-Ruǎn。以上三个名号出现较早,其中"柔然"又为柔然人所"自号",至少在南北朝至唐代,三个名称的读音差别是较微的。

芮芮,今音读作 Ruì-Ruì。唐代《广韵》去声卷 4,十三祭内"芮",而锐切,读作 Ruì-Ruì,与今音同。此名是南朝汉族从北魏所称"蠕蠕"一词转化而来。《资治通鉴》卷 125"宋文帝元嘉二十七年"条胡注:"芮芮,即蠕蠕,南人语转耳。"故其音与上述三名号的读音相差较大。

至于"茹茹"一词,上已叙及,它是在北魏后期,柔然人自择之名号。唐代音为人诸切,与今音同。此词可能也源于蠕蠕一词。蠕蠕,唐韵为"而兖反",但又可能读作 Rù,与今音同。宋代丁度等撰《集韵》平声二"虞第十"记:"蠕"音为汝朱切,即读作 Ru,意为"虫行貌"。茹茹一词或许即蠕蠕另一读音 Ru-Ru 转化而来(由平声转为上声),读作 Rú-Rú,意思是"虫行貌",与北魏统治者改柔然为蠕蠕的用意相同。故后来柔然人宁肯接受"茹茹"的名称,而不用带侮辱性的"蠕蠕"这一称呼。

根据上面的分析可看出:蝚蠕、柔然、蠕蠕三个名号的读音差别甚微,出现较早,而且柔然一词系车鹿会所"自命"的。相反,芮芮、茹茹出现

---

① 按《晋书》虽然是唐代房玄龄等撰,时代较后,但书中所据的资料是较早的。

较迟，皆源于蠕蠕一词，且读音与上述三名号差别较大。因此，柔然（Róu-Rán）的读音应该最接近于该族名号的读音。事实上，这一结论在《魏书·蠕蠕传》中已经说得很明确，本来是不会产生什么疑问的。

至于柔然一词，在鲜卑语中是何意？虽然白鸟库吉在读音上取“大檀”做标准与今日蒙古语比较，是不妥当的；但是他引用《元史》卷118《特薛禅传》中“薛禅者，华言大贤也，曰聪明之称”一句①，内中薛禅与柔然音相近，故柔然之意为贤明、聪明，可备一说。

最后，还需提及的是，欧洲的历史著作里一般称柔然为“阿瓦尔”人（Avars）。此名最早出现于希腊史家普利斯库斯（Priscus）的著作中，据书中说，约在公元461—465年，居住在太平洋沿岸的诸民族压迫阿瓦尔人，阿瓦尔人转而压迫萨维尔人（Savirs），而萨维尔人又转而压逼萨拉古里人（Saraguri）等三族。萨拉古里人等三族遣使向东罗马求援。②

可是，自普利斯库斯记载了阿瓦尔人之后约百年间，阿瓦尔之名再没有出现。直至558年，欧洲一些历史文献才又出现了阿瓦尔人之名。但这些记载大多残缺不全，且来源颇多。其中最著名的是7世纪上半叶史家席摩喀塔（Theophylactus Simocatta）的记载，内云：突厥可汗于598年致东罗马帝国摩里士（Mauricius）帝一信，说他征服了嚈哒（Abde）等后，又击溃了阿瓦尔，其幸存者逃入桃花石（Taugasl即中国）及勿吉（即Mukrit，又称靺鞨）。③还有一些文献记载了阿瓦尔人于558年派人至东罗马帝国，求于帝国境内给地居之。以后，阿瓦尔人又到达高加索，不久又出现在今多瑙河中游匈牙利平原上，于568年建立了一个阿瓦尔汗国，一直存在到9世纪。阿瓦尔人还经常侵犯东罗马帝国及斯拉夫人的土地。斯拉夫编年史上又称阿瓦尔人为奥布尔人（Обры）。

阿瓦尔人是否即中国史籍中的柔然？一般欧洲学者多同意此说，但也有

---

① 按《元史·特薛禅传》内无此句，仅《新元史·特薛禅传》卷115内云：“特薛禅，本名特因，时人以其贤智，呼为薛禅，故又称特薛禅。”

② 麦喀尔尼（Macartney, C. A.）：《论希腊史所载六世纪之突厥历史》，伦敦《东方学院丛刊》第11卷。岑仲勉先生有中文节译，载《突厥集史》下册，第941—962页。

③ 见上引麦喀尔尼文；沙畹著，冯承钧译：《西突厥史料》，中华书局1958年版，第204—208页等。又，Mukri即勿吉，系沙畹提出，为一般史学家所赞同。

一部分欧洲学者认为，文献所记的阿瓦尔人当中，有真阿瓦尔人（即真正柔然人）和假阿瓦尔人的区别。他们认为普利斯库斯所记的 461—465 年之阿瓦尔，及席摩喀塔所记被突厥击溃的阿瓦尔，才是真阿瓦尔人，其余文献所记是回纥或突厥部落冒阿瓦尔之名的假阿瓦尔人。[①] 此外，还有一部分欧洲历史学家，则否定柔然即阿瓦尔人。1962 年日本学者内田吟风发表《柔然（蠕蠕）アヴァール同族论の发展》一文，则完全持柔然与阿瓦尔同族的论点，并做了详细的论证。[②] 总之，关于这个问题，还没有定论，还需进一步研究。

二、柔然的兴起及其政权的建立

据《魏书·蠕蠕传》记，柔然始祖木骨闾是在 4 世纪初穆帝猗卢时，从拓跋鲜卑中分离出去，投依纯突邻部的。当时，整个大漠南北的形势如何呢？

拓跋鲜卑的部落联盟在西晋咸宁三年（277）神元力微死后，曾发生"诸部离叛，国内纷扰"的情况。至西晋元康五年（295），力微子禄官将拓跋鲜卑分为三部：一部由自己统治，居上谷（今河北涿鹿东）北，濡源（今滦河河源）西；一部由力微孙猗㐌统治，居代郡参合陂（今内蒙古岱海北）；一部由猗㐌弟猗卢统治，居定襄之盛乐（今内蒙古和林格尔北）故城。以后，猗卢南掠并州（治今山西太原），北迁杂胡于云中（治今内蒙古托克托）、五原、朔方等地。又西渡黄河击匈奴、乌桓诸部，"自杏城（今陕西黄陵附近）以北八十里，迄长城原，夹道立碣，与晋分界"[③]。西晋永嘉元年（307）禄官死去，猗卢统摄三部，势力更加强大，其统治区域，东起濡源，西至河套，南过长城，达今大同、代县以北，北达漠北草原。在这一广大地区，几乎所有的部落均臣属于拓跋鲜卑。西晋永嘉四年（310），猗卢协助晋

---

① 见上引沙畹《西突厥史料》等。
② 此文载《史泉》1962 年第 23 卷第 24 期，后收入氏著：《北アジア史研究——鲜卑柔然突厥篇》，同朋舍 1975 年版，第 397—421 页，更名为《柔然（蠕蠕）アヴァール同族論考》。
③ 《魏书》卷 1《序纪》。

并州刺史刘琨，击溃了西河（治今山西离石）的白部鲜卑，又将铁弗匈奴部（即匈奴父鲜卑母融合后的部落）刘虎从新兴（治今山西忻县）、雁门（治今山西代县）逐到朔方一带，减少了晋王朝的边患。因此，晋怀帝司马炽封猗卢为"代公"。以后，晋愍帝司马邺又封其为"代王"。

柔然始祖木骨闾就是在上述猗卢势力扩展的形势下分离出去的。他投附的"纯突邻部"，应即《魏书·高车传》后附记的"纥突邻部"，"纥"、"纯"形近而讹。① 此部的居地在阴山北面的意辛山（今内蒙古锡拉木伦河北）一带。② 据姚薇元《北朝胡姓考》内篇第四，"四方诸姓"中"窦氏"的考证：纥突邻部即纥豆陵氏，也就是《魏书·序纪》中所说拓跋始祖力微投附的没鹿回部。如此，则纥突邻部当为鲜卑部落，当时仍役属于猗卢。

木骨闾死后，其子车鹿会始有部众，从纥突邻部中独立出来，自号柔然。当时，柔然还是一个十分弱小的部落，并仍役属于拓跋鲜卑。《魏书·蠕蠕传》说，柔然当时"岁贡马畜貂纳皮"给拓跋鲜卑，"冬则徙度漠南，夏则还居漠北"。以后，"车鹿会死，子吐奴傀立。吐奴傀死，子跋提立。跋提死，子地粟袁立。地粟袁死，其部分为二，地粟袁长子匹候跋继父居东边，次子缊纥提别居西边"。匹候跋所统的东部，大致在原柔然的游牧地区，即今内蒙古河套东北、阴山以北一带。缊纥提所统的西部，从河套北向西扩展到今甘肃额济纳河流域。

到4世纪70年代，在中原地区建立政权的后赵、前燕等相继被前秦苻坚所灭。前秦建元十二年（376），苻坚以在朔方一带的铁弗匈奴刘卫辰（刘虎孙）为向导，率军十万，分和龙（今辽宁朝阳）、上郡两路向拓跋鲜卑（代）发动了大规模的进攻。拓跋鲜卑代王什翼犍派遣白部鲜卑和独孤部南部大人刘库仁（属匈奴屠各部、什翼犍甥）等率军抵抗，结果均被前秦军队所击败。什翼犍率部退至阴山以北，因敕勒各部的骚扰，不能游牧，遂又返回。以后，拓跋鲜卑发生内讧，什翼犍被其子实君所杀。前秦军乘机占领云

---

① 1974年中华书局标点出版的《魏书》卷103，已将"纯突邻部"改为"纥突邻部"。

② 《资治通鉴》卷107"晋孝武帝太元十五年四月"条，在"意辛山"后，胡注云："意辛山在牛川北，贺兰部所居也。"牛川即今内蒙古锡拉木伦河。又正文云："魏王珪会燕赵王麟于意辛山，击贺兰、纥突邻、纥奚三部，破之。"可见，纥突邻部游牧在意辛山一带。

中，拓跋鲜卑所建的代政权瓦解。苻坚将原属代的土地和人民分为两部分，以黄河为界。河以东交刘库仁统辖，河以西交刘卫辰统辖；各拜官爵，分统其部。① 而这时，西部柔然缊纥提则转投附于刘卫辰。②

前秦建元二十年（384），刘库仁为部下所杀，其弟刘眷代领库仁众。次年秋，刘眷率军击破贺兰部于善无（今山西右玉南），又在意辛山大破柔然别帅肺渥，"获牛羊数十万头"③。从掠获的牛羊数来看，在意辛山一带游牧的柔然数量是很多的。

同年，刘眷为库仁子刘显所杀。刘显又企图杀死投归他的拓跋鲜卑什翼犍孙拓跋珪。拓跋珪闻讯后，转投贺兰部。前秦苻登太初元年（386），因苻坚淝水大败，拓跋珪乘机恢复代国，大会诸部于牛川。四月，拓跋珪改代王号称"魏王"，即后所称之"北魏"或"后魏"。北魏登国二年（387），北魏联合后燕慕容垂，击溃了刘显部，"尽收其部落"④，逐渐强盛起来。接着，拓跋珪先后发动了对塞北及周围游牧的库莫奚部、解如部、叱突邻部，以及在漠北的敕勒等部的掠夺战争，俘获了大批的人口和牲畜。登国五年（390），拓跋珪率军向阴山北意辛山一带游牧的各部落发动进攻。同年底，该处"纥奚部大人库寒举部内属"，"纥突邻大人屈⑤地鞬举部内属"。⑥

从上述的记载可看出，在4世纪70—80年代，柔然（东部）与纥突邻、纥奚、贺兰三部均在阴山北意辛山一带游牧。纥突邻、纥奚可能是鲜卑部落，贺兰部属匈奴部。此三部最后皆被北魏所灭，纥突邻部入魏，后改姓窦氏⑦；纥奚部人改姓稽氏；贺兰部人改姓贺氏⑧。此外，这三部当中还有一部分人最后融合到邻近的柔然之中。

登国六年（391）冬，拓跋魏基本上重新征服了塞北诸部后，开始向柔然发动第一次大规模的进攻。主要目标是游牧在阴山北部的东部柔然匹候

---

① 以上均见《晋书》卷113《苻坚载记上》；《魏书》卷1《序纪》等。
② 《魏书》卷103《蠕蠕传》。
③ 《魏书》卷23《刘库仁传》。
④ 《魏书》卷2《太祖纪》。
⑤ 《魏书·高车传》作"屋"。
⑥ 《魏书》卷2《太祖纪》。
⑦ 《魏书》卷113《官氏志》云："次南有纥豆陵氏，后改为窦氏"，纥豆陵即纥突邻。
⑧ 《魏书》卷113《官氏志》。

跋。在魏军的进攻下，匹候跋向西遁走。魏军追了六百里，将士因粮尽劝拓跋珪回军。拓跋珪杀副马为食，追柔然于大碛南床山（今蒙古国南边的席勒山）①，大破柔然，"虏其半部"②。匹候跋及其别帅屋击（《魏书·太祖纪》作"屋击于"）各收残部分道奔走。拓跋珪派遣长孙嵩、长孙肥率军追击。长孙嵩在平望川大破屋击，擒而杀之；长孙肥追匹候跋至漠北涿邪山③，匹候跋率部降魏。长孙肥还擒获了西部柔然缊纥提子曷多汗及曷多汗兄诘④归之、社仑、斛律等宗族数百人。缊纥提向西南欲投刘卫辰。魏军追及上郡跋那山（今内蒙古包头西），缊纥提也降于魏。⑤

根据《魏书·蠕蠕传》的记载来看，拓跋珪对原已投归刘卫辰的缊纥提部和匹候跋部的处理是不同的。他把缊纥提及其诸子迁入云中，将其部众"分配诸部"⑥。而对匹候跋部则较为宽大，仍然让其留居在漠北草原。同年，拓跋珪攻灭了在朔方的刘卫辰部，掠夺到大批的马匹、牛羊，河以南诸部纷纷投降北魏。柔然在魏的进攻之下，重新臣属于拓跋魏，势力大衰。

过了三年（394），被强迫迁徙到云中的曷多汗、社仑、斛律等弃其父缊纥提，率部西走。北魏遣长孙肥率轻骑追至跋那山，曷多汗及大部分人被杀，仅社仑、斛律率数百余人逃至漠北，投靠匹候跋。匹候跋将社仑等安置在蒙古草原的南部，并派四个儿子对他进行监视。不久，社仑就用计袭杀了匹候跋，尽并其部。⑦社仑害怕北魏出兵报复，"乃掠五原以西诸部，北度大漠"。

当时，北魏正积极准备南下进入黄河流域，统一中原，这必然与中原的割据政权后秦姚兴、后燕慕容垂等发生战争。柔然就得以乘机在漠北发展自

---

① 张穆《蒙古游牧记》卷 5 云："床山，今名席勒山，在吴喇特旗西北一百八十里。"床山，应即魏时南床山。
② 《魏书》卷 103《蠕蠕传》。
③ 丁谦《史记匈奴列传考证》云，涿涂山（即涿邪山）在今巴里坤湖东金婆山阳。金婆山，今名尼赤金山。
④ 《北史·蠕蠕传》作"诘"。
⑤ 《魏书》卷 103《蠕蠕传》等。
⑥ 《魏书》卷 103《蠕蠕传》；《资治通鉴》卷 107 "晋孝武帝太元十六年冬十月"条。
⑦ 《魏书》卷 103《蠕蠕传》云："既而社仑率其私属执匹候跋四子而叛，袭匹候跋。诸子收余众，亡依高车斛律部。社仑凶狡有权变，月余，乃释匹候跋，归其诸子，欲聚而歼之。密举兵袭匹候跋，杀匹候跋。"

己的势力，并不时骚扰北魏的北边。北魏天兴元年（398），拓跋珪曾听从尚书右中兵郎李先的建议，向北面的柔然发动过一次进攻。[①]

为了与拓跋魏争夺大漠南北的统治权，柔然社仑首先采取与后秦姚兴联盟，共抗北魏的策略。北魏天兴四年（401），拓跋珪遣使献马千匹，向后秦求婚，姚兴见拓跋珪已娶慕容氏为后，加以拒绝。于是，拓跋珪以此为口实，派遣材官将军和突进攻后秦所属的黜弗、素古延两部。此两部居住在河曲一带，十分富有。[②]次年一月，和突袭破黜弗、素古延等部，掠马三千余匹，牛羊七万余头。这时，与后秦联盟的柔然社仑派遣军队来救，与魏军大战于河曲。结果柔然被和突所败，社仑退回漠北。

在漠北，水草最为丰茂的鄂尔浑河、土拉河流域，如前所述，已为逐渐南迁的敕勒诸部所据有，其中最强大的是斛律部。

当社仑从河曲败退漠北，企图侵占鄂尔浑河、土拉河一带敕勒各部的游牧地区时，斛律部首领倍侯利见社仑刚被北魏击败，乘机率兵击溃了社仑，占据了柔然的游牧地区。可是，倍侯利等被胜利冲昏了头脑，"不顾后患，分其庐室，妻其妇女，安息寝卧不起"。社仑收集残部，得千余人，在一个早上向倍侯利发动突然袭击。倍侯利措手不及，结果其部十分之七八的人民被杀或被俘。接着，社仑在投降了柔然的敕勒别帅叱洛侯的引导下，攻破了敕勒诸部落，尽据鄂尔浑河、土拉河一带肥美的地区，势力益振。[③]

在蒙古草原的西北，当时还有一个十分富强的匈奴余部，其首领名拔也稽。柔然占据了敕勒诸部游牧地后，拔也稽率部向柔然进攻。双方在颇根河（即今鄂尔浑河）展开了一场鏖战，社仑最后大破拔也稽，"尽并其部"[④]。自此以后，柔然越来越强盛，整个蒙古草原以及周围的部落，"皆苦其寇抄"，纷纷降附，致使柔然所辖的地区，东到朝鲜故地之西，南邻大漠，与北魏相峙，西逾阿尔泰山，占有准噶尔盆地，北到今贝加尔湖一带。《南齐书》卷

---

① 《魏书》卷33《李先传》。
② 参见《魏书》卷103《高车传》附黜弗、素古延部。又现在一些有关的著作，如《中国古代北方各族简史》，把黜弗、素古延部说成是柔然的属部，误。《资治通鉴》卷112 "晋安帝元兴元年"条明确地说："没弈干、黜弗、素古延，皆秦之属国也。"
③ 《魏书》卷103《高车传》、《蠕蠕传》等。
④ 《魏书》卷103《蠕蠕传》。

59《芮芮虏传》也说："晋世什翼圭（即拓跋珪）入塞内后，芮芮逐水草，尽有匈奴故庭，威服西域。"其政治中心，即"常所会庭"，设在"敦煌、张掖之北"。① 据丁谦的解释："其庭直张掖北，视《汉书·匈奴传》单于庭直代云中为确，知测量之学精密多矣。"② 言下之意，柔然王庭应在原匈奴王庭处，即在今鄂尔浑河东侧和硕柴达木湖附近。这种解释基本正确。③

同时，社仑还开始用立法的办法将散漫的部落统一起来。《魏书·蠕蠕传》说，社仑在兼并敕勒各部后，"北徙弱洛水（今土拉河），始立军法：千人为军，军置将一人，百人为幢，幢置帅一人；先登者赐以虏获，退懦者以石击首杀之，或临时捶挞"。这样，以战俘为奴隶的私有财产得到了法律的承认和发展，导致了柔然内部游牧民奴隶占有制的形成。不仅如此，社仑还多方学习北魏的立法，加强了镇压内部奴隶反抗和掠夺其他部落的工具——军队。这方面的资料很少，但从当时北魏拓跋珪对其尚书崔浩的一段议论中可以窥见。他说：蠕蠕每次来抄掠，驱母牛在前，犍牛在后，而母牛则往往不前。有其他部落的人教他们把犍牛放在前面。柔然人不听，还说什么犍牛之母都不行，何况它的儿子呢？因此，往往为敌所俘虏。又说：现在社仑学内地的立法，置战陈，成了边害。④ 柔然学习了内地的什么"立法"，史书记载就比较少了。

社仑还自号"丘豆伐可汗"（可汗读作"克寒"，Kagan），"可汗"之号与匈奴"单于"之意相同，即皇帝的意思。此号在社仑自称之前，东胡族各部当中已经很流行，其意为"官家"之意。⑤ 社仑用作自己的称号，其意已变为"皇帝"、"最高首领"的意思了。这个称号以后为柔然历代首领所继承，并且为以后突厥以至中亚游牧国家所袭用。⑥

---

① 《魏书》卷 103《蠕蠕传》。
② 见丁谦：《魏书蠕蠕传考证》，民国浙江图书馆初印本。
③ 按《宋书·索虏传》亦云："自索虏破慕容，据有中国，而芮芮虏有其故地，盖汉世匈奴之北庭也。"汉时匈奴北庭即在今鄂尔浑河东侧和硕柴达木附近。故丁氏之说确。
④ 《魏书》卷 103《蠕蠕传》。
⑤ 如《宋书》卷 96《鲜卑吐谷浑传》云：吐谷浑率部西走，其弟若洛廆遣长史乙那楼追浑，令还。"……楼喜拜曰：'处可寒。'虏言处可寒，宋言尔官家也。"《魏书》卷 101《吐谷浑传》此处作"可汗"。又《资治通鉴》胡注引宋白言："虏俗呼天为汗。"如此则"可汗"又意为"天"。
⑥ 参见白鸟库吉：《东胡民族考》上编，中译本，第 64—72 页。

这样，自北魏天兴五年（402）起，柔然社仑统一了整个漠北草原，立军法，整顿军队，建立可汗王庭，自称丘豆伐可汗，使柔然迅速由部落联盟进入到早期奴隶制国家的阶段。一个新兴的柔然早期奴隶制政权在蒙古草原上诞生了。

三、柔然内部的氏族、部落组成

从柔然自拓跋鲜卑中分离时起，至柔然政权覆灭时止，前后共约两个半世纪之久。在这漫长的时期里，柔然由一个小的氏族，逐渐形成一个大的部落联盟，最后又在漠北建立了一个庞大的早期奴隶制政权。其内部的氏族和部落组成十分复杂。这种情况与拓跋魏的形成十分相似。《魏书》卷113《官氏志》保存了一部分拓跋魏早期历史，列举了加入拓跋魏部落联盟的一些氏族、部落的名称和姓氏，为我们今天研究拓跋魏早期形成的历史提供了基本的资料。可是，中国史籍对于柔然却没有像《魏书·官氏志》那样的记载。因此，要研究柔然部族的形成及内部氏族、部落组成，十分困难。我们只能从史籍中所记载的柔然姓氏中，推测出一个大致的轮廓。

古代北方民族的姓氏往往是与他所在的氏族和部落名称一致的。正如《魏书·官氏志》所说："姓则表其所由生，氏则记族所由出"，从姓氏基本可以找出该姓所出的氏族或部落。

根据《魏书》、《北史》之《蠕蠕传》及南北朝至隋唐时期的史籍，我们共辑录了属柔然的姓氏六十余个。下面按其族属试析如下：

（一）属于柔然的氏族、部落（包括在社仑以前融合到柔然中的氏族和部落）

1. 郁久闾氏。《魏书·蠕蠕传》说，柔然始祖因头秃，被称为"木骨闾"，后讹为"郁久闾"，故以后子孙以郁久闾为氏。此姓为柔然王族，源于拓跋鲜卑。其中有投北魏者，后改称为闾氏或茹氏、茹茹氏等。[①]

---

① 《魏书》卷113《官氏志》；《元和姓纂》九御"茹氏"条。

2. 俟吕邻氏。《魏书·蠕蠕传》记：柔然可汗豆仑之妻名"候（应为'俟'）吕邻氏"，又同书卷 7 下《高祖纪下》说：太和十三年（489），"蠕蠕别帅叱吕勤率众来附"。据《北朝胡姓考》的考释，俟吕邻、叱吕勤、叱吕、叱吕引，皆俟吕邻之异译或省译。《魏书·高车传》附记："又有俟吕邻部，众万余口，常依险畜牧。登国中，其大人叱伐为寇于苦水河。"同书卷 2《太祖纪》还记：登国八年（393），"三月，车驾西征俟吕邻部。夏四月，至苦水，大破之"。可见，此部原游牧于苦水一带，苦水即今甘肃清水河支流，在固原县东北。① 俟吕邻部入魏后，改称吕氏。② 柔然可汗豆仑妻俟吕邻，则此部为柔然之外戚。又从其首领称"大人"看，此部可能原属东胡鲜卑族，何时融入柔然已不可考。

3. 尔绵氏。《魏书·蠕蠕传》记："太平真君十年（449）……车驾与景穆自中道出涿邪山。吐贺真（柔然可汗）别部帅尔绵他拔等率千余家来降。"尔绵氏降魏后，改为绵氏。③ 其原居地在涿邪山一带。据《庾子山集》卷 14《周柱国大将军大都督同州刺史尔绵永神道碑》云：永，原系"东燕辽东郡石城县零泉里人也，本姓段"。周大统十六年（550），因功被赐"还姓尔绵，增邑一千，进爵为广州郡开国公"。从尔绵永原居辽东和姓段来推测，尔绵氏可能原即辽东的段氏鲜卑。

4. 纥突邻部。前已言之，此部原游牧于阴山北意辛山一带，柔然始祖木骨闾曾投附过该部。以后，为北魏所灭，改姓窦氏，其中一部分融入柔然之中。《魏书·蠕蠕传》记有柔然部帅屋击，而纥突邻部大人有屋地鞬。因此，颇疑柔然部帅屋击原系纥突邻部。

5. 阿伏干氏。《魏书》卷 26《长孙肥传》记：始光元年（424），"蠕蠕大檀之入寇云中，世祖亲征之，遣（长孙）翰率北部诸将尉眷，自参合以北，击大檀别帅阿伏干于柞山"。又同书卷 7 上《高祖纪上》又记有柔然别帅"阿大干"率千余落来降。阿大干当即阿伏干之异译。《北朝胡姓考》说：此部原居阿步干山（今甘肃皋兰南五里）。全祖望《校水经注》卷 2 说，阿步干乃

---

① 见杨守敬《水经注图河水篇南山西六幅》。

② 《魏书》卷 113《官氏志》。

③ 同上。

鲜卑语"阿干"（意为兄）之原文。如此，则阿伏干氏应为鲜卑族，后有一部分融入柔然之中。另一部分入魏后，改姓阿氏。[1] 又《魏书》卷43《唐和传》记有柔然部帅阿若，《北史·蠕蠕传》记有"俟利阿夷"、"大人阿富提"等。据《资治通鉴》卷119"宋武帝永初三年"条记："是时，魏之群臣出于代北者，姓多重复，及高祖迁洛，始皆改之。旧史恶其烦杂难知，故皆从后姓以就简易，今从之。"《魏书》就是上述的"旧史"之一。因此，在分析柔然姓氏时，必须注意那些已经改过的姓氏，并应准确地将这些简化的姓氏还原为原来的姓氏。上述柔然阿夷、阿若、阿富提，均有可能原来是姓阿伏干的。

6. 纥奚部。前已言之，纥奚部与纥突邻部是世同部落的，都在阴山以北意辛山一带游牧。登国五年（390），纥奚部为拓跋珪所灭，一部分融合到柔然之中。《魏书·蠕蠕传》曾记：柔然可汗丑奴于魏正始三年（506），遣其使纥奚勿六跋等向魏朝贡，请求通和。

7. 肺渥氏。《魏书》卷23《刘库仁传》记：刘眷"又击蠕蠕别帅肺渥于意亲（辛）山……"。肺，侧氏切，读作此音，疑肺渥即叱卢之异译。按《晋书·乞伏国仁载记》云："在昔有如弗斯、出连、叱卢三部，自漠北南出大阴山，遇一巨虫于路……"叱卢部既过阴山，是否有一部分加入柔然的部落联盟？这种可能是存在的。叱卢等三部与属敕勒的乞伏氏融合为"乞伏鲜卑"（陇西鲜卑）[2]，那么，叱卢原为鲜卑或敕勒。此部入魏后，改姓祝氏。[3]

除了郁久闾氏外，上述六个氏族或部落是在柔然社仑建立政权之前，加入或融合到柔然部族之内，或者是史籍中只见柔然才有的姓氏，故将他们统归入属柔然氏族、部落之内。柔然早期形成的历史同拓跋鲜卑十分相似。《魏书·官氏志》记述了献帝时，"七分国人，使诸兄弟各摄领之，乃分其氏"的情况。"七分国人"，即是把七个不同的氏族部落分开，派自己的兄弟分别摄统他们。以后，这七个氏族部落就完全融合到拓跋鲜卑之中。这就是后世所说的"鲜卑八国"（加拓跋氏）的来源。上述柔然与其余六个氏族部落（或者更多一些）的发展、融合过程，大致与拓跋鲜卑早期八个氏族部落

---

[1]　《魏书》卷113《官氏志》。

[2]　参见马长寿：《乌桓与鲜卑》，第32—33页。

[3]　《魏书》卷113《官氏志》。

发展、融合情况相似。

（二）属东胡鲜卑的氏族和部落

1. 拓跋鲜卑

拓跋氏。《魏书·蠕蠕传》记：北魏正光二年（521），"七月，阿那瓖启云：投化蠕蠕元退社、浑河旃等二人……"。按《魏书·官氏志》："拓跋氏，后改为元氏。"①此元退社原应为拓跋退社，系拓跋氏投柔然者。

丘敦氏。《魏书·蠕蠕传》记：魏正光二年二月，柔然可汗"婆罗门遣大官莫何去汾、俟斤丘升头六人……"。《魏书·官氏志》记拓跋魏宗族十姓中，有"丘敦氏，后改为丘氏"。此丘升头当即丘敦升头，属拓跋鲜卑，或较早融合于拓跋鲜卑的其他族的氏族或部落。

无卢真氏。《魏书》卷26《尉古真附子多侯传》记："高祖初，蠕蠕部帅无卢真率三万骑入塞围镇……"按《南齐书》卷57《魏虏传》说，拓跋鲜卑语"带仗人为'胡洛真'"，疑无卢真即胡洛真之异译，此系拓跋鲜卑语，官名。柔然别帅无卢真，可能原是魏的胡洛真，投柔然后，因官名为姓氏。

2. 吐谷浑

树洛干氏。《魏书·蠕蠕传》记：魏太昌元年（532）六月，"阿那瓖遣乌句兰树什（《北史·蠕蠕传》作'升'）伐等朝贡……"。据同书《官氏志》："树洛于氏，后改为树氏。"《北朝胡姓考》以为：树洛于应为树洛干，为吐谷浑王名，以此为姓。柔然使树什伐，可能原属吐谷浑。

尉迟氏。《魏书·蠕蠕传》记：魏延昌四年（515），丑奴"遣使侯（俟）斤尉比建朝贡"。《官氏志》说："西方尉迟氏，后改为尉氏。"此柔然尉比建，应原为尉迟比建。据《北朝胡姓考》的考证，尉迟氏源出青海，属吐谷浑的部落之一。

谷浑氏。上引《魏书·蠕蠕传》有"投化蠕蠕元退社、浑河旃等二人"。《官氏志》说："谷浑氏，后改为浑氏。"又《元和姓纂》卷4二十三魂、《通志·氏族略第四》"浑氏"条均云："吐谷浑氏改为浑氏"，可知柔然浑河旃可能原为吐谷浑氏。

---

① 按，现《魏书·官氏志》无此句，此系据《元和姓纂》二二"元"引志文。

匹娄氏。《北齐书》卷4《文宣帝纪》说：北齐文宣帝高洋击柔然，"获其俟利蔼焉力娄阿帝……"。《官氏志》记："匹娄氏，后改为娄氏。"又《魏书》卷6《显祖纪》记：北魏长孙观率军大破吐谷浑拾寅于曼头山（今青海兴海西北），"拾寅从弟豆勿来及其渠帅匹娄拔累等率所领降附"。可知，匹娄氏原居青海曼头山一带，系吐谷浑属部。上述柔然娄阿帝原应属吐谷浑匹娄氏。

勿地延氏。《魏书·蠕蠕传》记：柔然有大臣名勿地延。按《晋书·乞伏炽磐载记》说："……至是，乙弗鲜卑乌地延率户二万降于炽磐。"乌地延即勿地延。吴士鉴《晋书斠注》说："案乌地延当即《魏书》之慕利延，《宋书·夷貊传》之慕延也。"慕利延为吐谷浑首领。史称乌地延为"乙弗鲜卑"。《北史》卷96《吐谷浑传》说："吐谷浑北有乙弗勿敌国，国有屈海（即今青海），海周回千余里。众有万落……"乙弗鲜卑乌地延应即乙弗勿敌国人。如此，柔然大臣勿地延原应为乙弗鲜卑。

3. 东部鲜卑

莫那娄氏。《魏书》卷30《闾大肥传》记："泰常初，复为都将，领禁兵讨蠕蠕，获其大将莫孤浑。"《官氏志》说："莫那娄氏，后改为莫氏。"故柔然大将莫孤浑应为莫那娄孤浑。《北朝胡姓考》说：莫那娄又写作末那娄、莫耐娄，并云此部原居辽东，后徙代郡，投魏极早。如此，则莫那娄氏应为东胡鲜卑。

叱豆浑氏。《北史·蠕蠕传》记：东魏兴和二年（540），"阿那瓌遣莫何去（汾）折豆浑十升等朝贡"；次年，又"遣吐豆登郁久闾譬浑、俟利莫何折豆浑侯烦等奉马千匹……"，又记有"是豆浑地万"。《魏书·高祖纪》又记有柔然将"豆浑与句"等。俟利莫何、莫何去汾、吐豆登，皆为柔然官号。考《晋书》卷125《乞伏乾归载记》云："……鲜卑豆留鞬、叱豆浑及南丘鹿结……降于乾归。"上引柔然折豆浑、是豆浑、豆浑氏应皆叱豆浑之异译或省译。如此，则柔然叱豆浑氏原为鲜卑。据白鸟库吉的考证："是豆浑"一词，今蒙古语意为巫者，是叱豆浑源于巫者，后以此为姓。[①]

[①]　见白鸟库吉：《东胡民族考》下编，中译本，第83页。

库褥官氏。《魏书·高宗纪》说：魏太安四年（458），柔然别帅"乌朱贺颓、库世颓率众来降"。《官氏志》记："北方库褥官氏，后改为库氏。"柔然库世颓当为库褥官世颓。据《北朝胡姓考》说：库褥官氏原为鲜卑徒何种，本慕容燕所属部落。

温盆氏。《北史·蠕蠕传》记：东魏元象元年（538）九月，东魏因阿那瓌使温豆拔等。《官氏志》："西方温盆氏，后改为温氏。"温盆氏又写作温孤氏。《元和姓纂》卷4二十三魂有"温孤氏"，云其先为代人，疑此氏原为鲜卑。

树黎氏。《魏书·蠕蠕传》记柔然有大臣名树黎。《官氏志》说："素黎氏，后改为黎氏。"素黎即树黎。又《三国志·魏志》卷13引鱼豢《魏略》说，鲜卑檀石槐时，有东部大人素利。素利应即树黎。如此，则柔然大臣树黎原为东部大人素利之后。

4. 乌洛侯

上引《魏书·蠕蠕传》有柔然别帅乌朱贺颓。《新唐书》卷75下《宰相世系表下》"乌氏"条云："乌氏出自姬姓。黄帝之后……齐有乌之余，裔孙世居北方，号乌洛侯，后徙张掖。"可见，乌氏原为乌洛侯，云黄帝之后，显系伪托。《魏书》卷100《乌洛侯传》有"乌洛侯国"，居地在今东北嫩江流域①，属东胡。《北朝胡姓考》据此以为："疑乌氏本乌洛侯国胡人，初以国为氏，徙张掖后，始单以乌为氏。"②柔然别帅乌朱贺颓也很可能源出于东胡乌洛侯国。

5. 譬历辰部

《魏书·蠕蠕传》云：魏永兴二年（410），柔然可汗"斛律北并贺术也骨国，东破譬历辰部落"。《通志·氏族略第五》记："譬历辰氏，代人，改为辰氏。"按此部原居柔然东，疑即属东胡鲜卑部落，故附此。

（三）属于敕勒（高车）的氏族和部落

1. 乙旃氏。《周书》卷2《文帝纪》云：西魏恭帝元年（554）夏四月，"……茹茹乙旃达官寇广武"。乙旃氏系高车十二姓之一，柔然乙旃达官原为

---

① 见白鸟库吉：《东胡民族考》上编，中译本，第127页。
② 姚薇元：《北朝胡姓考》，第257页。

敕勒无疑。又乙旃氏也是组成拓跋魏的重要氏族之一，后改姓叔孙氏。[①]

2. 斛律部（氏）。斛律氏为高车六姓之一，与柔然关系至为密切。其居地在漠北鄂尔浑河、土拉河流域。社仑在袭其伯父匹候跋时，匹候跋诸子收余众，曾"亡依高车斛律部"。又社仑弟名"斛律"，继社仑为柔然可汗。402年，社仑灭斛律部时，其部帅名倍侯利，又有首领名叱洛侯。斛律被社仑攻灭后，其部逐渐融合于柔然之中。

3. 副伏罗部（氏）。《魏书·高车传》记：高车十二姓有"副伏罗氏"，役属于柔然，后脱离柔然，建高车国。

4. 达薄干氏。《周书》卷13《文闵明武宣诸子传序》，同书卷12《齐炀王宪传》均记："文帝十三子……达步干妃生齐王宪。宪所生达步干氏，茹茹人也。"按达步干氏，应即高车十二姓中的"达薄干氏"。达步干妃原为敕勒人。此称"茹茹人也"，可见，敕勒达薄干氏已融合于柔然之中。敕勒达薄干氏入魏后，改称褒氏。[②]

5. 屋引氏。《魏书·蠕蠕传》记有柔然"屋引副升牟"。前已言之，屋引氏为敕勒族，此柔然屋引副升牟原也应为敕勒人。屋引氏入魏后，改为房氏。[③]

6. 他莫孤氏。《魏书》卷8《世宗纪》说，魏正始四年（507）"十有二月，……蠕蠕高车民他莫孤率部来降"。此明言他莫孤为高车。又同书卷26《尉古真附眷传》也记："蠕蠕部帅莫孤率高车骑五千来逆，眷（古真弟尉诺子）击破之……"此事在魏始光元年（424），云莫孤率高车骑，可能莫孤本人即高车人，或为上述他莫孤之省译。

7. 奇斤氏。《通志·氏族略第五》云："奇斤氏，蠕蠕别帅归中国后，改为奇氏。"奇斤氏即高车十二姓"异奇斤氏"之省译，原为敕勒官号"俟（音奇）斤"，以此为姓。内一部分可能融合于柔然。故云：蠕蠕别帅入魏后，改为奇氏。

8. 泣伏利氏。《魏书·蠕蠕传》记：魏正光初（520），"丑奴母遣莫何去

---

① 《魏书》卷113《官氏志》。

② 同上。

③ 同上。

汾李具列等绞杀地万"。《通志·氏族略第五》说："叱李氏改为李氏。"叱李氏，应即高车十二氏中的泣伏利氏。李具列应原为泣伏利具列，敕勒人。

9.石洛侯。《魏书·蠕蠕传》记柔然可汗豆仑有臣石洛侯。按石洛侯可能就是前述之高车斛律部叱洛侯的后代。

10.东部高车。此部居贝加尔湖一带，柔然盛时当役属于柔然。

（四）属于匈奴余部的氏族和部落

1.拔也稽部。上述社仑曾在颓根河大败西北匈奴余种拔也稽部[①]，以后此部"尽为社仑所并"，融合到柔然之中。

2.贺术也骨部。上述柔然可汗斛律曾"北并贺术也骨国"。《通志·氏族略第五》说："贺术氏，后魏初贺术部居贺术山，氏焉。"《北朝胡姓考》据此，以为贺术氏即贺术也骨之省译，也即贺遂氏。如此，贺术也骨部为"匈奴别部"的稽胡。

3.乌洛兰氏。《魏书·蠕蠕传》记：魏太昌元年（532）六月，"阿那瓌遣乌句兰……朝贡"。《官氏志》云："北方乌洛兰氏，后改为兰氏。"疑柔然乌句兰即乌洛兰之误。乌洛兰本匈奴贵种兰氏，是柔然乌句兰应本匈奴族。

（五）属突厥的氏族

《周书》卷50《突厥传》说：突厥姓阿史那氏，"臣于茹茹。居金山之阳，为茹茹铁工"。按突厥应属敕勒之一种，原为柔然所役属。

（六）属于西域的姓氏和氏族

1.龙氏。《北史·蠕蠕传》记：东魏元象元年（538），"神武以阿那瓌凶狡，……乃遣其使人龙无驹北还……"。《晋书》卷97《焉耆国》条云："……其王龙安遣子入侍。"焉耆王龙姓一直到唐代均如此，而且唐代文献中竟有称龙部或龙族为焉耆人。[②] 柔然盛时，曾统治焉耆。故上述柔然使龙无驹可能原为焉耆胡人。

2.高羔子。《魏书》卷7下《高祖纪下》记有"蠕蠕伊吾戍主高羔子"。

---

① 有许多研究者认为，拔也稽部即是《隋书·铁勒传》中居独洛河北的"拔也古部"，如此该部应为敕勒。但《魏书》明言其为"匈奴别部"，至少在匈奴统治该部时，或匈奴亡后，有大量的匈奴融合于此部。故仍将此部列入匈奴之内。

② 见敦煌出土的《唐光启元年沙、伊州地志残志》，斯坦因编号0367。内云："龙部落本焉耆人……"

高羔子为伊吾（今新疆哈密西）戍主，可能原为西域胡人，也可能是汉人。

3. 希利垔、邢基祇罗回。《南齐书·芮芮虏传》记有柔然国相"希利垔"、"邢基祇罗回"。此两姓均为今新疆或中亚一带民族的姓氏。柔然盛时，势力影响到中亚，其内部有中亚胡人完全可能。

4. 侯医垔。《魏书·蠕蠕传》记柔然有大臣"侯医（《北史·蠕蠕传》作'瑿'）垔"。《官氏志》记："胡古口引氏，后改为侯氏。"据《梁书》卷45《王僧辩传》载讨侯景之誓文，内云侯景为羯胡。如此，则侯医垔为中亚之羯胡。

（七）属于汉族的姓氏

柔然内部还有一些汉族，见于记载的大多为佛教徒。如《大藏经·高僧传》第八《释法瑗传》记："释法瑗，姓辛，陇西人，辛毗之后。……其二兄法爱亦为沙门……为芮芮国师。"《北史·蠕蠕传》也记："永平四年（511）九月，丑奴遣沙门洪宣奉献珠像。"此洪宣当为汉族僧人。又同书还记：柔然可汗阿那瓌曾留齐人"淳于覃"，"亲宠任事"，等等。

除了以上基本可知族属的三十七部（氏）五十姓之外，还有十九个姓氏目前还找不到他们原来的族属，需要进一步研究。这十九个姓氏是：但钵、弃之伏、普掘蒲提、便度及其弟库仁直、度拔、他稽、赤河突、牟提（可能是郁久闾牟提）、梁贺侯豆、十代、郁厥乌尔、蔼焉力、豆婆吐久备、游大力、比拔、巩顾礼、巩凤景（此二氏可能是汉族）、植黎勿地①，等等。

从上述分析中，可以得出柔然内部氏族、部落组成的一些特点：

首先，柔然是由许多不同的氏族和部落组成，其成分是十分复杂的。在上述三十七部（氏）五十姓中，除了属于柔然本族或早期融合于柔然的七部（氏）十三姓外，属东胡鲜卑的有十四部（氏）十六姓，属敕勒的有九部（氏）十姓，属匈奴余部的有三部（氏）二姓，属突厥部的有一部（氏）一姓，属西域（算作一部）有五姓，属汉族（算作一部）有三姓。以上所述柔然三十七部五十姓，仅系粗略的统计，且部与氏也难以分辨，何况仁者自

---

① 此姓仅见于《通志·氏族略第五》，内云："后魏有蠕蠕别帅植黎勿地来降。"按《魏书·蠕蠕传》记有柔然大臣"树黎、勿地延"，颇疑《通志》所记"植黎勿地"，系"树黎、勿地延"之误。

见，每位学者均有不同的统计方式。但是，无论怎样，从以上分析来看，柔然的氏族部落组成，东胡鲜卑占了绝对优势（包括柔然本身），这与柔然源于东胡鲜卑的结论是相吻合的。因此，可以说柔然是一个主要由鲜卑、敕勒、匈奴和突厥等组成的多氏族、多部落的部族。

其次，在多氏族、多部落的柔然政权之下，由于各个氏族、部落的相互错居和通婚，使一部分原来属于他族的氏族、部落逐渐融合到柔然部族之中。这种情况可以从上述的敕勒达薄干氏、奇斤氏，属鲜卑族的阿伏干氏、纥奚氏，属匈奴的拔也稽部等看出。到了后来，史书竟称这些原不属柔然本族的其他氏族、部落为茹茹人了。

但是，在柔然内部还有相当一部分氏族、部落仍然保持着自己民族的特征，有的甚至从柔然中分离出来，如上述的敕勒副伏罗部就是如此。

第三，由于柔然内部氏族、部落组成极为复杂，因此柔然政权经常遭到被柔然贵族奴役的其他氏族、部落的反抗，内部阶级矛盾和民族矛盾十分尖锐。柔然政权的衰弱和灭亡，就是被奴役的氏族、部落不断掀起反抗斗争的结果。

第二章　柔然的兴衰及其与中原等地的关系

一、柔然兴盛时期与北魏的关系（402—487）

要单独叙述柔然本身的历史是十分困难的，主要是因为历史资料太贫乏。所以，我们根据柔然历史的特点和资料情况，把柔然的历史和他与中原各王朝关系的历史结合起来叙述。据此，我们把柔然的历史大致划分为三个时期：第一，柔然的形成和建立政权时期。从4世纪初木骨闾氏族形成起，至402年社仑正式建立政权时为止。第二，柔然的兴盛时期。从402年起，至487年敕勒副伏罗部脱离柔然止。内又可分为两个阶段，以429年北魏大规模进攻漠北、柔然遭到沉重打击，为第一阶段向第二阶段转化的标志。第三，柔然的衰亡时期。从487年起，至555年柔然灭亡为止。内又可分为两个阶段，以520年柔然内乱、阿那瓌投北魏，为两个阶段的分界点。

关于柔然第一个时期的历史，前已叙述。下面讲第二、三时期的历史，即柔然政权的兴衰史，也就是柔然与中原等地的关系史。

4世纪末5世纪初，在柔然统一漠北的前后，北魏已南下入塞，进行着统一中原的战争。北魏皇始二年至天兴二年（397—399），北魏在征服塞北各部之后，南下攻占了后燕都城中山以及并州，山东（太行山以东）六州（幽、冀、平、营、兖、豫）之地，奠定了最后统一中原的基础。拓跋珪于皇始三年（398）由盛乐迁都至平城（今山西大同），正式称帝，改元"天兴"。在不断深入中原的过程中，拓跋魏与中原的汉族、较早入居内地的鲜卑族接触更加频繁，越来越多地受到先进的汉族文化的影响。拓跋珪是一位杰出的人物，他重视发展农业，吸取汉族先进的经济和文化。在他即位的初期，北魏采取了"息众课农"、"计口授田"、大量屯田垦荒等经济措施，还实行"离散诸部，分土定居"的政策，解散部落组织，建立起以地域为准的国家组织形式。这样，拓跋魏的游牧经济迅速向农业经济转化，部落联盟组织逐渐向早期封建制转化。①

北魏的南迁和社会经济的变化，对漠北的柔然来说，虽有利于它兼并蒙古草原周围的部落，势力得以扩展，可是，日益强盛的北魏对它的存在也是一个大的威胁。鉴于这种形势，柔然统治者一方面继续采取联合中原其他政权（如后秦、北燕、北凉等），共同对付北魏，与之争夺漠南地区的统治权；另一方面，则不断对北魏的北边进行骚扰和掠夺，用暴力手段掠取农业人口和粮食、牲畜等。这就是柔然在兴盛时期对北魏采取的基本策略。

北魏对于柔然则采取"讨伐"的方针，目的固然是解除它统一中原的后顾之忧，然而，更重要的是为了征服漠北，从柔然、敕勒那里掠夺大批的人口、马匹和其他财物。这正如北魏神䴥二年（429）崔浩劝魏太武帝拓跋焘"伐"柔然时所说："夫蠕蠕者，旧是国家北边叛隶，今诛其元恶，收其善民，令复旧役，非无用也。漠北高凉，不生蚊蚋，水草美善，夏则北迁。田牧其地，非不可耕而食也。"②

正是由于柔然与北魏双方的统治者抱着征服和掠夺对方的目的，在北魏天兴五年至太和十一年（402—487）这一时期，双方的战争一直没有停止。据现有的史籍记载，这一时期柔然统治者曾经27次侵扰北魏的北部边境，特别是在神䴥二年（429）以前，几乎每年柔然都要袭击北魏的北境。③北魏统治者也向柔然进行过20次"讨伐"，从漠北草原掠夺了大批的人口和牲畜。

北魏天兴五年底，刚建立政权的柔然，听说北魏要进攻后秦，为了履行与后秦的攻守同盟，社仑出兵攻入参合陂，南达豺山、善无北泽。后来，魏常山王元遵率万骑追击撤退的柔然，不及而还。④接着在北魏天赐四年

---

① 关于拓跋魏早期封建化的问题，请参见唐长孺：《魏晋南北朝史论丛》，第193—248页；马长寿《乌桓与鲜卑》等。
② 《魏书》卷35《崔浩传》。
③ 《魏书》卷35《崔浩传》引崔浩语云："自太宗之世，迄于今日，无岁不惊（指柔然年年进犯北境），岂不汲汲乎哉！"
④ 《魏书》卷103《蠕蠕传》；同书卷2《太祖纪》。

（406）、永兴元年（409），柔然先后两次入塞袭击，掠夺人口和牲畜。北魏因统治阶级发生内乱，一时没有出兵进攻漠北。到永兴二年，新继承皇位的拓跋嗣（珪长子），遣长孙嵩等率军向柔然进行报复，柔然退回漠北。接着，拓跋嗣亲率大军"北伐"，柔然遁走，社仑死于道中。社仑子度拔年少，"部落立社仑弟斛律，号蔼苦盖可汗"。

斛律一方面扩展自己在漠北的势力，"北并贺术也骨国，东破譬历辰部落"；另一方面则积极与在东边的北燕政权和亲，建立抗魏联盟。斛律献马三千匹于北燕冯跋，聘冯跋女乐浪公主为妻；冯跋也聘斛律女为妻。神瑞元年（414），双方正将交婚之际，柔然统治阶级内部发生变乱，斛律为其长兄子步鹿真等所逐，逃亡到北燕，后为北燕臣子所杀。[①] 步鹿真又为社仑季父仆浑子大檀所杀。大檀原镇守柔然西境，颇得人心，至是自立为可汗。

柔然在大檀为可汗的期间（414—429），达到了极盛的阶段。大檀继续与北燕联盟，于北魏神瑞元年（414）遣使献马三千匹、羊万口给冯跋。[②] 同时，还于神瑞元年、泰常元年（416）、八年（423）多次骚扰北魏的北境。北魏也于神瑞元年、二年、泰常三年（418）进行"北伐"，但收效甚微。当时，北魏的西边是刚占领了关中的夏政权，南边是为刘裕控制的东晋，北面和东北面是柔然和北燕的联盟，处于四面受困的境地。加上自神瑞二年（415）以来，北魏境内发生了大的灾荒，"秋谷不登"，"民食又乏"[③]，因此，有的大臣甚至劝拓跋嗣由平城迁都至邺，后为崔浩所劝阻。[④]

这种形势，迫使北魏暂时放弃了对柔然的进攻，转而采取了一系列防御措施。北魏泰常八年（423），北魏在长川（今内蒙古集宁东北）南筑长城以防御柔然，长城"起自赤城（今河北赤城），西至五原，延袤二千余里，备置戍卫"[⑤]。但是，长城并不能挡住柔然统治者对北魏边境的骚扰和掠夺。始

---

① 《晋书》卷 125《冯跋载记》云："蠕蠕斛律为其弟大但所逐，尽室奔跋，乃馆之于辽东郡，待之以客礼。跋纳其女为昭仪。……斛律上书请还塞北。……乃许之，遣单于前辅万陵率骑三百送之。陵惮远役，至黑山，杀斛律而还。"斛律为步鹿真所逐，从《魏书》卷 103《蠕蠕传》。
② 《资治通鉴》卷 116"晋安帝义熙十年"条。
③ 《魏书》卷 35《崔浩传》。
④ 同上。
⑤ 《魏书》卷 3《太宗纪》。

光元年（424），拓跋嗣死去，他的长子拓跋焘继帝位。柔然乘机于是年发六万骑兵，长驱直入云中，攻拔盛乐宫，并执白道（今内蒙古呼和浩特北）守将段进，杀之。[1] 拓跋焘亲率大军赴云中，被柔然骑兵所围，前后五十余重，马首相连如堵。后来，魏军射杀了柔然部帅於陟斤（大檀弟大那之子），大檀才撤军。拓跋焘遣长孙翰、尉眷等追击，在柞山（参合以北）击溃了柔然别帅阿伏于，俘马万余匹，杀死柔然军士千余名。[2]

次年，拓跋焘听从了刘洁的建议，准备大举进攻柔然，下令十家发大牛一头，运粟塞上，充军粮。然后，分军五道并进：长孙翰等一路出黑漠（在长川之东），长孙道生等一路从白、黑两漠间，拓跋焘从中道，娥清一路从中道西粟园[3]，奚斤、安原一路从西道。各路军马舍辎重，轻骑携十五日粮，深入漠北。大檀见魏军势众，率部北走。魏军虽所获不多，但是暂时遏止了柔然南犯的气焰。

始光三年（426），北魏统治集团内部对于应该先进攻柔然，还是先攻夏或北燕，意见不一致。拓跋焘也举棋不定。正在这时，传来了赫连勃勃死去后关中大乱的消息，于是拓跋焘决定先攻灭夏政权。为了防止柔然乘机入塞骚扰，拓跋焘命陆俟督军镇守塞外大漠。始光四年六月，魏军迅速渡过黄河击夏，破其都城统万（今陕西靖边北白城子），俘赫连昌（勃勃子）。柔然本已乘机发兵进攻云中，见魏军破赫连昌，遂退回漠北。[4] 始光五年，柔然大檀遣其子率万余骑入塞，杀掠北魏边境人民，旋退去。[5]

为了较彻底解决来自北边柔然的威胁，以便抽出力量对付南方的刘宋（刘裕已于 420 年灭东晋，建立刘宋政权）和完成统一北方的任务，神䴥二年（429），拓跋焘决定大举进攻柔然。这一决定最初遭到北魏统治集团内大多数人的反对，只有崔浩力排众议，主张大举进攻柔然。他认为：柔然原是魏的叛隶，发兵诛其首恶，收其人民，令复旧时劳役，不是没有用的。漠北还有许多敕勒部落，他们号为"名骑"，也并不是不可以让他们听命于我，为

---

① 《魏书》卷 87 《段进传》。
② 《魏书》卷 26 《长孙肥附翰传》等。
③ 《资治通鉴》卷 120 "宋元嘉二年冬十月"条，胡注云："粟园在中道之西，西道之东。"
④ 《魏书》卷 4 上《世祖纪上》。
⑤ 同上；同书卷 103 《蠕蠕传》。

我所用。柔然使用骑兵，来去倏忽，劲疾异常，这使南方人感到难以对付。但对于魏军则不然，因为魏军也主要是骑兵，同样来去轻疾，与之进退，非难制也。同时，如果魏军不彻底击溃柔然，则他将经常侵扰北边，令人不得安卧，更无以抽身对付南边的刘宋。刘宋虽扬声动众，准备"北伐"，但其势也是外强中干，魏军在北破柔然往返之间，刘宋必然不敢轻动干戈。崔浩还进一步分析说：柔然自恃其远在漠北，魏军不易袭击，防御松弛，夏季散众放牧，到秋肥乃聚，南来侵扰。因此，如果出其不意，攻其不备，大军猝至，其众必惊惶星散，奔走逃命。而其牲畜又驱驰难制，"不得水草，未过数日则聚而困散，可一举而灭。暂劳永逸，长久之利，时不可失也"①。

　　崔浩这番洞悉柔然、北魏双方情况的议论，更加坚定了拓跋焘大举进攻柔然的决心。同年四月，拓跋焘率大军出东道向黑山，长孙翰率军从西道向大娥山，准备同会柔然王庭。五月，魏军在漠南放弃辎重，轻骑至栗水（今蒙古国南翁金河），柔然无备，大檀率部西奔。时，大檀弟匹黎率东部柔然军队来与大檀会合，途中被长孙翰军所击溃。大檀绝迹西走，各部四散，"窜伏山谷，畜产布野，无人收视"②。拓跋焘率军追至兔园水（今蒙古国吐沁河），分军搜索，从东面的瀚海到西边的张掖水（即今甘肃弱水），北渡燕然山（今蒙古国杭爱山），东西五千余里，南北三千里，俘虏畜产、车庐盖数百万。③这时，受柔然奴役的敕勒各部乘机起义，反戈击杀柔然，降魏者达三十余万。④拓跋焘遂渡弱洛水（今蒙古国土拉河），至涿邪山。部下疑柔然有伏兵，劝拓跋焘停止不追，才使柔然大檀等得以逃遁。

　　自此，柔然遭到极大的损失，元气大伤。大檀因此发疾而死，其子吴提立，号敕连可汗，不敢再犯魏边。神䴥四年（431），吴提与北魏通好。北魏企图获得安宁，以便集中力量对付刘宋和统一北方，也愿意与柔然讲和。北

---

① 《魏书》卷35《崔浩传》。
② 《魏书》卷103《蠕蠕传》；同书卷35《崔浩传》等。
③ 同上。
④ 《资治通鉴》卷121"宋元嘉六年"条记："高车诸部乘魏兵势，钞掠柔然。柔然种类前后降魏者三十余万落……"，后又记："徙柔然、高车降附之民于漠南……"似把降魏者视为"柔然种类"，即包括柔然、高车诸部。另据《魏书》卷103《蠕蠕传》、卷35《崔浩传》、卷105《天象志》、卷103《高车传》等，皆云降者是高车部众。因此，降魏者应主要是柔然奴役下的高车部，其中也应有柔然在内。

魏延和三年（434），北魏嫁西海公主给吴提，拓跋焘也纳吴提妹为左昭仪。吴提遣其兄秃鹿傀等数百人送妹至北魏，并献马两千匹，受到拓跋焘的优待。双方和好一直持续到北魏太延二年（436）。

在此期间，北魏于神䴥四年攻占了夏的最后首府平凉，尽据关中之地。又于太延二年灭掉北燕。而自神䴥二年以来，北魏在北面邻近柔然的边境上，开始陆续设置了六个军镇，目的是防备柔然的侵扰。[①] 这六个军镇是：

沃野镇，在今内蒙古乌拉特前旗苏独仑公社根场古城，是六镇最西的一个。

怀朔镇，在今内蒙古大青山后固阳县白灵淖公社城圐圙村。

武川镇，在今内蒙古武川县西乌兰不浪土城梁子。

抚冥镇，在今内蒙古四子王旗东南。

柔玄镇，在今内蒙古兴和县北。

怀荒镇，在今河北张北县附近。[②]

北魏在统一中原和加强了对北边柔然的防御后，就把主要力量放在统一北凉沮渠氏割据的河西地区及西域等地。而柔然经过几年与魏的和平相处，势力逐渐恢复。他鉴于北魏北部边防的加强，不易深入，因而把力量也转向西域地区。所以，在神䴥二年之后，柔然与北魏展开了对西域的争夺。

西域地区早自汉代已纳入了中国的版图。但自汉灭亡后，西域同内地一样基本上也处于分裂割据的状态。5世纪初，西域主要有龟兹（今新疆阿克苏、库车一带）、疏勒（今新疆喀什地区）、乌孙、悦般（均在今巴尔喀什湖东南）、渴槃陁（今新疆塔什库尔干一带）、于阗（今新疆和田一带）、鄯善（今新疆若羌一带）、焉耆（今新疆博斯腾湖一带）、车师（今新疆吐鲁

[①] 关于六镇名称及开始设置的时间，过去学者研究颇多，意见不完全一致。六镇名称可能在北魏前后期有过变动。一般学者对魏初期六镇名称分歧不大，但对设镇时间意见不一致。有的人认为最早始于明元帝泰常七年（422），见朱师辙：《北魏六镇考辨》，《辅仁学志》1943年第12卷第1、2合期等；有的人认为始于太武帝神䴥二年（429），见岑仲勉：《六镇余谭》，《中外史地考证》上册，中华书局1962年版。今暂从后一种意见。

[②] 中国考古工作者在内蒙古对北魏六镇遗址做了调查，并确定了武川、沃野等镇遗址，发现了一些瓦当和建筑遗迹，为进一步研究六镇提供了新的资料和线索（张郁：《内蒙古大青山后东汉北魏古城遗址调查记》，《考古通讯》1958年第3期；盖山林：《内蒙古伊盟准格尔旗石子湾古城调查》，《考古》1965年第8期等）。

番一带）等。这些小国都迫切希望统一，不断派使者到北魏，请求归附。因此，北魏于太延元年（435）遣王恩生等到西域各地进行联络。王恩生走到伊吾附近时，被柔然扣留。次年，北魏又遣董婉、高明等出使鄯善，招抚西域各国。董婉等顺利到达西域，北至乌孙、破洛那（今乌兹别克斯坦费尔干纳）、者舌（今乌兹别克斯坦塔什干）等地。西域各国纷纷向北魏"朝贡"。中国内地与西域之间恢复了相互往来的关系，各政权之间使者往来，"不间于岁"。①

关于柔然势力何时达到西域的问题，《魏书·蠕蠕传》在叙述社仑统一漠北后的疆界时说："其西则焉耆之地"，这可能是指柔然盛时的疆域。从现有资料看，柔然势力达到西域大致是在 423 年大檀统治时期。此年，被北凉灭掉的西凉李氏残余唐契兄弟及李氏后代据伊吾，臣属于柔然，唐契被封为伊吾王。②除此而外，西域各地都没有直接为柔然所控制，这说明当时柔然在西域的势力还是比较薄弱。5 世纪 30 年代后，柔然可汗吴提为了与北魏争夺对西域的统治权，采取了拉拢北凉和加紧胁迫西域各国归服的策略。

北魏太延四年（438），北魏曾大举"北伐"，越涿邪山，柔然逃遁。当时，"漠北大旱，无水草，军马多死"③。此后，柔然则在北凉和西域各地大肆散布魏军"北伐"失败的言论。说什么："去岁（438）魏天子自来伐我，士马疫死，大败而还，我禽其长弟乐平王丕。"又说："魏已削弱，今天下唯我为强，若更有魏使，勿复恭奉。"于是，西域各国和北凉对魏使者"稍以慢惰"，有的逐渐产生背魏之心。④ 这种情况，促使拓跋焘加紧准备灭掉北凉。五年六月，拓跋焘率大军西征北凉。出发前，他估计到柔然将会派兵乘机进攻云中，所以做了准备。果然，当魏军行抵凉州时，北凉沮渠牧犍"求救于蠕蠕"⑤。吴提于十月率军入魏境，留其兄乞列归与北镇（怀朔镇）守军相持，自率精骑进至善无西南的七介山，京师平城震动。后在北魏司空长孙道生等

---

① 均见《魏书》卷 102《西域传》。
② 《魏书》卷 43《唐和传》。
③ 《魏书》卷 103《蠕蠕传》。
④ 《魏书》卷 102《西域传》。
⑤ 《魏书》卷 99《沮渠牧犍传》。

的奋击下，柔然才退走。①

拓跋焘平北凉之后，北凉残余沮渠无讳（牧犍次弟）、沮渠安周（无讳弟）等西渡流沙，击破鄯善，并袭取高昌（今新疆吐鲁番东高昌故城）。这时，原属柔然的伊吾王唐契兄弟等欲叛柔然，投归北魏，也企图袭取高昌。途中，唐契为柔然别帅阿若所杀。唐契弟唐和率余部与附魏的车师王车伊洛会合，开始与沮渠无讳争夺高昌、交河（今吐鲁番西交河故城）等地。无讳在柔然的支持下，最后击败了车伊洛，占据交河。车伊洛、唐和等退至焉耆，后两人均入魏。②太平真君六年（445），北魏因焉耆阻断通西域之路，派万度归击焉耆。魏军先据鄯善，后占领了焉耆，降服了四周各地，并在焉耆设镇。③这样，北魏与柔然争夺西域的斗争更加尖锐。

北魏和平元年（460），柔然灭掉了盘踞在高昌的北凉残余，杀沮渠安周（无讳已死），另立阚伯周为高昌王。④到5世纪70年代，柔然在西域的势力有了很大的扩展。皇兴四年（470），柔然势力已南达于阗。于阗地区在北魏太平真君六年（445）曾为吐谷浑慕利延所攻占。次年，慕利延返回青海。当柔然进攻于阗时，于阗遣使者素目伽向北魏求援，说："西方诸国，今皆已属蠕蠕。"可见，当时柔然在西域的势力已十分强大。北魏因国内阶级斗争和民族矛盾日益尖锐，无力派兵支援于阗，以"虽复遣援，不救当时之急"为由，拒绝派兵。⑤接着，在北魏延兴二年、三年（472、473），柔然又两次进攻北魏通西域的重镇——敦煌。致使北魏孝文帝元宏企图放弃敦煌，退守凉州，后为韩秀所劝阻。⑥

从上述情况看，5世纪60—70年代，柔然虽在漠南没有多大的进展，然而在与北魏争夺西域的斗争中，却攫取了不少城郭国家的土地。所以，《宋书·索虏传》说，柔然盛时，"西域诸国焉耆、鄯善、龟兹、姑墨（今新疆

① 《魏书》卷103《蠕蠕传》；同书卷27《穆崇附寿传》；同书卷28《张黎传》等。
② 《宋书》卷98《氐胡传》；《魏书》卷102《西域传》"车师"条；同书卷43《唐和传》；同书卷30《车伊洛传》等。
③ 《魏书》卷102《西域传》"焉耆国"条。
④ 《魏书》卷102《西域传》"高昌"条。
⑤ 《魏书》卷102《西域传》"于阗"条。
⑥ 《魏书》卷42《韩秀传》。

阿克苏）东道诸国，并役属之”。

北魏在与柔然争夺西域的过程中，还多次大举“北伐”，史书记载的共有九次。其中以太平真君四年（443）、十年（449）、太安四年（458）和皇兴四年（470）四次规模较大。在这几次“北伐”中，魏军均深入到漠北柔然王庭，甚至北达石水（今蒙古国哈鲁伊河）。① 可是，在广阔的漠北草原上，柔然在魏军的攻击下，多有回旋的余地。当魏军撤回，它就逐渐恢复力量，重新强盛起来。

直到北魏太和十一年（487），属柔然的敕勒副伏罗部阿伏至罗与其从弟穷奇因反对柔然可汗豆仑再犯魏边，率部起兵，领十余万落从柔然分离出去，在前部（车师前部）西北，建立政权，自立为王。② 至此，柔然的力量才大为削弱，失去了对西域的统治。同时，还遭受到来自南边北魏和西边副伏罗部的攻击，从而由盛转衰。

二、柔然衰弱和内乱时期与北魏的关系（487—534）

自敕勒副伏罗部从柔然分离出去后，柔然内部又相继发生投魏事件。北魏太和十二年（488），柔然伊吾戍主高羔子率众降魏。③ 次年，又有柔然别帅叱吕勤率众内附于魏。④ 然而，对柔然威胁最大的还是来自西边的副伏罗部（“高车国”）。太和十四年（490），阿伏至罗遣使到北魏，愿与魏联合，共击柔然，并于次年袭杀高昌王首归（柔然所立高昌王阚伯周子）兄弟，以敦煌人张孟明为王。⑤ 北魏也于太和十六年（492）遣阳平王元颐等十二将

---

① 均见《魏书》卷103《蠕蠕传》。
② 参见本书“敕勒篇”。
③ 《魏书》卷7下《高祖纪下》。
④ 同上。
⑤ 《魏书》卷102《西域传》“高昌”条记此事为“太和五年”，误。阿伏至罗称高车王是在太和十一年，此事应在太和十一年之后。上记太和五年，应为十五年，漏掉“十”字（见冯承钧《高昌之西徙与车师鄯善国人之分散》）。

七万骑北击柔然，"大破蠕蠕而还"[①]。

接着，柔然内部又因高车国的不断进攻，而发生内乱。可汗豆仑数败于阿伏至罗，丧师失地，为国人所杀。柔然部众推豆仑叔父那盖袭可汗位。北魏正始三年（506），那盖死，其子伏图立，号他汗可汗。伏图则力图与北魏和好，以便集中力量对付"高车国"。他先后于正始三年、五年，两次遣纥奚勿六跋入魏通和。魏宣武帝元恪拒绝与柔然通和，诏敕勿六跋说："蠕蠕远祖社崙是大魏叛臣，往者包容，暂时通使。今蠕蠕衰微，有损畴日，大魏之德，方隆周汉，跨据中原，指清八表。正以江南未平，权宽北掠，通和之事，未容相许。若修藩礼，款诚昭著者，当不孤尔也。"[②] 但是，这时的北魏已于太和十七年（493）由平城迁都洛阳，于六镇之地修建城郭，置戍以防柔然。因此，也没有多大的力量进行"北伐"了。

正始三年（506），柔然可汗伏图征高车国，为高车王弥娥突（穷奇子）击杀于蒲类海（今新疆巴里坤湖）北。伏图子丑奴立，号豆罗伏跋豆伐可汗。北魏熙平元年（516），丑奴又大破高车国，杀弥娥突，自此"复其旧土"，"国遂强盛"。[③]

可是，柔然重新强盛只维持了一个很短的时间，接着又发生了内乱。丑奴在位时，亲信巫女是豆浑地万，丑奴封其为"圣女"，纳为"可贺敦"。[④] 地万也就为所欲为，"乱其国政"，引起丑奴母侯吕邻氏、诸弟和大臣的不满。正光元年（520），丑奴母遣李具列等绞杀地万，丑奴大怒，欲杀李具列等。时正值高车国进攻柔然，丑奴迎击，大败而还，为其母及大臣所杀。众立丑奴弟阿那瓌为可汗。阿那瓌才立十天，就被其族兄示发所击走。阿那瓌与弟乙居伐南投北魏。示发杀阿那瓌母及其二弟。以后，阿那瓌从兄子婆罗门又率数万人击溃了示发。示发逃至柔然东面的地豆于部，为该部所杀。至此，柔然内乱才暂告一段落。

阿那瓌等投北魏后，孝明帝元诩对他十分重视，其意也不过是为了分

---

① 《魏书》卷40《陆俟传》等。
② 《魏书》卷103《蠕蠕传》。
③ 见本书"敕勒篇"。
④ "可贺敦"相当于匈奴的阏氏，即皇后之意。此词与"可汗"一词一样，均源于东胡鲜卑。

裂和瓦解柔然。他首先派遣官员到近畿迎接，倍加优隆，位在藩王之下。接着，又将阿那瓌处之于洛阳南伊水、洛水间四夷馆中的燕然馆。[①]"寻封阿那瓌朔方郡公、蠕蠕王，赐以衣冕，加之轺盖，禄从、仪卫，同于戚藩。"[②]流传在北魏时的杂曲歌辞"阿那瓌"，描写阿那瓌在洛阳出行的情形时说：

> 闻有匈奴主，杂骑起尘埃，
> 列观长平坂，驱马渭桥来。[③]

在元诩接见时，阿那瓌向北魏提出了"乞求兵马"支持他返国的要求，以便重整"皆已迸散"的部众，永为大魏藩篱。当时，北魏王朝内部意见不一致：有的同意他返回，有的反对。阿那瓌用黄金百斤贿赂魏宰相元叉，最后得到了北魏护送他返回漠北的许诺。临行前，北魏赠给阿那瓌各种精致的武器、衣物、丝绸、干粮、马匹、骆驼、牛、羊以及粟二十万石等。[④]

次年初，元诩先遣使者牒云具仁至柔然婆罗门处，联系阿那瓌复藩事。婆罗门对魏使十分傲慢，但还是派人迎接阿那瓌。可是，阿那瓌害怕婆罗门不会容纳自己，不敢返回漠北，又要求暂回洛阳。正在这时，婆罗门又为高车国所击溃，率十部落到凉州，降于北魏。这样，柔然"国土大乱，姓姓别住，迭相抄掠"，而蠕蠕后主俟匿伐（阿那瓌兄）也在怀朔镇降北魏，请求援军，并迎阿那瓌返漠北。

在这种形势下，北魏对已经崩溃了的柔然采取什么政策呢？这个政策表现在北魏高阳王元雍等的奏议中：

> 窃闻汉立南、北单于，晋有东、西之称，皆所以相维御难，为国藩

[①]　据杨衒之《洛阳伽蓝记》卷 3 记："……永桥以南，圜丘以北，伊、洛之间，夹御道有四夷馆。道东有四夷馆。一名金陵，二名燕然，三名扶桑，四名崦嵫。道西有四馆里：一曰归正，二曰归德，三曰慕化，四曰慕义。……北夷来附者处燕然馆，三年以后，赐宅归德里。"阿那瓌属"北夷"，故处于燕然馆。
[②]　《魏书》卷 103《蠕蠕传》。
[③]　见《全汉三国晋南北朝诗·全北魏诗》。内"匈奴主"，指阿那瓌。
[④]　北魏赠阿那瓌礼物单见《魏书》卷 103《蠕蠕传》。

篱。今臣等参议以为怀朔镇北土名无结山吐若奚泉，敦煌北西海郡（今内蒙古居延海附近）即汉晋旧障，二处宽平，原野弥沃。阿那瓌宜置西吐若奚泉，婆罗门宜置西海郡，各令总率部落，收离聚散。其爵号及资给所须，唯恩裁处。①

显然，北魏是吸取了汉、晋处置匈奴的历史经验，把柔然分割成两部分：让阿那瓌主东，婆罗门主西，以使两者相互牵制，"相维御难"，分而治之。

同时，北魏不尽迁柔然于内地，而是采取保有其势力，分迁于东西两地的政策，还有更深的用意在内。这在北魏凉州刺史袁翻的奏议中，说得十分清楚。他说："……今蠕蠕为高车所讨灭，外凭大国之威灵，两主投身，一期而至，百姓归诚，万里相属。……来者既多，全徙内地，非直其情不愿，迎送艰难。然夷不乱华，殷鉴无远，覆车在于刘（指匈奴刘氏）石（指后赵羯胡石氏），毁辙固不可寻。且蠕蠕尚存，则高车犹有内顾之忧，未暇窥窬上国。若蠕蠕全灭，则高车跋扈之计，岂易可知。今蠕蠕虽主奔于上，民散于下，而余党实繁，部落犹众，处处棋布，以望今主耳。高车亦未能一时并兼，尽令率附。"所以，袁翻的意见是："蠕蠕二主，皆宜存之，居阿那瓌于东偏，处婆罗门于西裔，分其降民，各有攸属。"②袁翻的议论，说明北魏不内迁柔然的原因，主要是害怕重蹈魏晋以来匈奴等少数民族迁入内地，割据称雄的覆辙。同时，保存柔然，分其势力，以抵御日益强盛的高车国，行"外为置蠕蠕之举，内实方高车之策"。

同年底，婆罗门被安置在西海郡，旋于次年初叛离北魏，抢掠凉州，投归嚈哒。后婆罗门为北魏州军所擒，于北魏正光五年（524）死于洛阳南燕然馆。③阿那瓌被安置在怀朔镇北之后，因部众缺粮，发生饥馑，于是相率入塞抢掠。正光四年，北魏遣尚书左丞元孚为北道行台，持白虎幡劳阿那瓌于柔玄、怀荒二镇之间。当时，阿那瓌号称三十万人，拘留元孚，驱掠牲

---

① 《魏书》卷 103《蠕蠕传》。
② 《魏书》卷 69《袁翻传》。
③ 《魏书》卷 103《蠕蠕传》。

畜，逃回漠北。① 北魏遣李崇等率骑十万，追讨阿那瓌，"出塞三千余里，不及而还"②。尽管如此，阿那瓌"后遣孚等还，因上表谢罪"，所以在名义上仍然臣属于北魏。

就在这一年，北魏爆发了六镇为主的各族人民大起义。为了镇压各地起义，维护自己的统治，北魏统治者甚至求助于柔然。正光六年（525），阿那瓌"拜受诏命"，勒军十万，从武川镇西向沃野镇，击溃了破六韩拔陵所率起义军，杀起义军将领孔雀等③；起义军瓦解，降北魏者约二十万人。破六韩拔陵起义军虽然瓦解，但是遍于各地的起义仍蓬勃发展，北魏统治摇摇欲坠。这时，阿那瓌势力转盛，自号敕连头兵可汗。孝昌三年（527），阿那瓌向北魏提出，愿帮助镇压起义军。北魏统治者害怕阿那瓌反复，婉言谢绝。④次年，魏孝庄帝元子攸为了进一步笼络阿那瓌，下诏表彰他镇压起义军的"功绩"，准许他以后"赞拜不言名，上书不称臣"⑤。至永熙三年（534）北魏灭亡止，阿那瓌均频频遣使向魏"朝贡"，在政治上始终臣属于北魏。

总之，自太和十一年（487）柔然衰弱后，它就一直与分离出去的高车国发生战争，双方各有胜负。这种情况，正如袁翻所说：自魏迁都洛阳后，"高车、蠕蠕迭相吞噬。始则蠕蠕衰微，高车强盛；蠕蠕则自救靡暇，高车则僻远西北。及蠕蠕复振，反破高车，主丧民离，不绝如线。而高车今能终雪其耻，复摧蠕蠕者，正由种类繁多，不可顿灭故也"⑥。柔然与高车国不断的战争进一步削弱了自己，最后于正光元年（520）发生内乱，柔然政权事实上已瓦解。而北魏在这一时期，因国内阶级矛盾、民族矛盾日益尖锐，也走向衰落。特别是在南迁洛阳后，北魏更无力进行大规模的"北伐"。所以，总的说来，在这段时期内（487—534），柔然与北魏的关系是和平、友好的。据现有资料统计，在这45年当中，柔然骚扰魏边仅四次，北魏进攻柔然仅

---

① 《魏书》卷18《临淮王谭附孚传》。
② 《魏书》卷9《肃宗纪》；同书卷66《李崇传》。
③ 按《稽古录》"普通六年"条云："蠕蠕杀破六韩拔陵。"《魏书》和《资治通鉴》皆未记其事，只云"斩其将孔雀"，且《资治通鉴》后又出现破六韩拔陵，故从《魏书》和《资治通鉴》。
④ 《魏书》卷103《蠕蠕传》。
⑤ 同上。
⑥ 《魏书》卷69《袁翻传》。

两次。相反，柔然与北魏相互友好地派遣使者的次数急骤增加，共达 22 次。这种友好的通使关系，对于加强漠北和中原地区经济、文化的联系起了很好的作用。

总观柔然与北魏关系的历史，可以清楚地看到：柔然与拓跋魏原来是同出于一个族源，具有相同的经济和文化，以后分离了。一个南迁入中原，逐渐接受了先进的汉族文化，由部落联盟发展到封建社会，最后融合到汉族之中。一个游牧于漠北草原，建立了早期游牧的奴隶制政权，最后又重新臣属于北魏。他们之间的关系，恰似一对兄弟，经过一番分居和争斗之后，又逐渐合到一起了。

同时，他们的关系也恰似北魏与南朝的关系，都是在分裂时期南北对峙的割据政权。每个政权各自独立，又相互依存，最后均融合和统一到一个多民族统一的政权之下。因此，柔然绝不是一个独立于中国之外的国家，而是中国分裂时期国内的割据政权之一，组成柔然的各个氏族、部落，也是中国古代的兄弟民族，他们的历史也是中国历史的组成部分。

其次，在当时的历史条件之下，柔然与北魏的统治阶级之间，不论是相互争伐，或是友好通使，都从各个不同的方面加强了双方的关系，有助于各族人民相互之间的融合。友好的交往自然有助于各族人民的交往和融合，就是双方统治阶级为了争夺人口、牲畜和财物的战争，也都有同样的作用。固然，战争一方面使双方人民遭到了更加残酷的剥削和压迫，陷入了空前的灾难，这在阶级社会中是不可避免的；另一方面，战争却在客观上促使大批的人口以战俘的形式从漠北草原迁到内地，为民族融合创造了条件。关于这个问题下面将进一步论述。

三、柔然复兴和衰亡时期与中原的关系（534—555）

永熙三年（534），北魏终于在遍于各地的各族人民大起义的冲击下灭亡了。中原地区形成了两个政权：东魏和西魏。东魏在山陕间黄河之东，以邺城为都城，实权操在鲜卑化的汉人高欢父子手中。西魏在山陕间黄河以西，以长安为都城，实权操在宇文泰父子手中。东、西魏自形成后，每一方都想兼并另一方，战争频繁。直至东魏元象元年（538）以后，因双方力量相敌，各自才暂时放弃了消灭对方的意图，注意整顿自己的内政。

中原地区的这种形势，大大有利于漠北柔然的复兴。阿那瓌一面不时骚扰东、西魏的北边，一面击败了因内乱而日益衰弱的高车国。在国内，他多方吸收先进的汉族文化，重用汉人淳于覃，改革官制，与东、西魏分庭抗礼。① 东、西魏的统治者则力图把复兴的柔然拉到自己一边，"竞结阿那瓌为婚好"②。

宇文泰所立之西魏文帝元宝炬以元翌女为化政公主，嫁与阿那瓌兄弟塔寒。自己又娶阿那瓌长女为皇后（魏悼后），废掉原来皇后乙弗氏（吐谷浑乙弗部人）。此外，西魏还送给柔然大批钱财、丝绸等礼物，"以金帛诱之"③。西魏大统六年（540），魏悼后因生产死去，柔然以此为借口，派军渡河，前锋达夏州北（今内蒙古乌审旗南）。文帝无法，只好下令将已废的乙弗氏"赐死"。④ 这一事件，反映了当时西魏被迫对柔然妥协退让的态度和柔然复兴后"颇为强盛"的情况。

在西魏和亲政策的拉拢下，阿那瓌做出了一副与西魏共同对付东魏的姿态，首先扣留了东魏派来的使者元整。东魏元象元年（538），阿那瓌又侵掠东魏的幽州（治今北京）、范阳（今河北涿州）等地。后又掠肆州（治今山西忻县）的秀容，至于三堆（在今山西汾水上游）。同时，杀东魏使者元整。东魏统治者一面频遣使者至柔然进行拉拢，并借魏悼后之死，离间柔然与西魏的关系；一面也展开"和亲"的外交攻势。

在东、西魏竞相结好的情况下，柔然采取了与东、西魏均相和亲的政策，以维系东、西魏分裂的局面，从中取利。东魏兴和二年（540），东魏高欢遣张徽纂使柔然，离间西魏与柔然的关系，并申和好之意。阿那瓌即为其

① 《北史》卷98《蠕蠕传》。
② 同上。
③ 同上；《周书》卷33《杨荐传》。
④ 《北史》卷13《后妃列传上》。

子庵罗辰请婚。东魏以常山王妹乐安公主许婚，改称兰陵郡长公主。① 次年四月，阿那瓌遣使奉马千匹为聘礼，迎兰陵郡长公主。高欢亲自经理，礼物丰渥，并亲送公主至楼烦（今山西宁武）之北。② 至兴和四年（542），阿那瓌又要求将自己的孙女邻和公主嫁与高欢第九子长广公高湛。东魏孝静帝元善见诏令高欢许婚。同年，阿那瓌遣使送孙女于晋阳（今山西太原）。过了三年，阿那瓌又欲将其爱女嫁与高欢。高欢迫于柔然的压力，犹豫不决，其妻以"国家大计"劝之。于是，高欢娶阿那瓌爱女为正室，称"蠕蠕公主"，复称其妻为"妃"。③《北史》卷14《后妃列传下》还记载说：蠕蠕"公主性严毅，一生不肯华言。神武（高欢）尝有病，不得往公主所，秃突佳（阿那瓌弟）怨恚，神武自射堂舆疾就公主。其见将护如此"。可见，东魏同西魏一样，对于强盛的柔然也是退让妥协的。

在与东、西魏通婚后，柔然减少了对中原的侵扰，通过相互的通婚，中原与漠北地区的关系进一步加强。

可是，柔然复兴时期的强盛只是表面的、暂时的。过了不久，其内部被奴役的部落和奴隶的反抗斗争就爆发了。北齐天保三年（552），居住于今阿尔泰山南的柔然铁工 —— 突厥部，在其首领土门（意为"万人长"）的率领下，掀起了反抗柔然统治者的斗争。柔然可汗率军镇压，在怀荒镇北被突厥击溃，阿那瓌自杀。其子庵罗辰及瓌从弟登注、登注子库提等投归北齐（550 年东魏政权已为高欢子高洋所夺取，改称齐）。

关于突厥早期的历史，过去学者论述很多，这里只做简单介绍。突厥属阿尔泰语系突厥语族，已成定论，所谓突厥语族就是以他的名称命名的。他是丁零、敕勒或铁勒这些同属突厥语族的共名中的一种，或即其中的一个部分。据《周书》卷50《突厥传》关于突厥远古时代的传说记载：突厥的原始

---

① 按东魏以兰陵公主嫁庵罗辰一事应在 540 年。《资治通鉴》卷 157，将此事系于 535 年，并将兰陵公主下嫁于庵罗辰，改为嫁与阿那瓌，大误。范文澜《中国通史简编》修订本第二编（第 496 页）不察，竟援《资治通鉴》之误。考《资治通鉴》致误原因，系采《魏书·蠕蠕传》最后一段关于东、西魏分立后柔然事迹的略述。《魏书·蠕蠕传》系采自《北史·蠕蠕传》。《北史·蠕蠕传》关于这段时期柔然历史记述较详，且明言高欢许婚是在 540 年，兰陵公主是嫁给庵罗辰的。

② 高欢送兰陵郡长公主和亲，当时是一件大事。《魏书》作者魏收曾赋《出塞》及《公主远嫁》诗二首。另一诗人祖樊也和之，"大为时人传咏"（《北齐书》卷 39《祖珽传》）。

③《北齐书》卷 9《神武明皇后娄氏传》。

居地大致在"匈奴之北"，阿辅水（南西伯利亚阿巴坎河）和剑水（今叶尼塞河上游克穆齐克河）一带。又说，突厥祖先因被其他部落袭击，逃至"高昌北山"（今吐鲁番北博格达山，古称贪汗山），居于洞穴中。"经数世，相与出穴，臣于茹茹。居金山之阳，为茹茹铁工。"突厥何时迁至高昌北山，已不可考，其从高昌迁至阿尔泰山南的时间，据《突厥人与突厥汗国》一书的说法，大约在北魏太延元年（435）柔然控制高昌、扣留北魏使者王恩生，至和平元年（460）柔然灭高昌的沮渠氏这段时间内。[①]

按柔然控制高昌、伊吾以北地区的时间应早于太延元年。《魏书·蠕蠕传》记：在北魏天兴五年（402）社仑统一漠北时，柔然的西边达"焉耆之地"。这一说法，可能是指柔然最盛时势力所达地区。[②]但是，至少在泰常八年（423）前柔然就已经征服了伊吾以北的地区。因为此年柔然就曾封在伊吾的唐契为"伊吾王"。如果当时突厥仍在高昌北山一带，则在此之前就应为柔然所征服。柔然统治者为了使懂得冶铁技术的突厥部更好地为自己服务，将他们迁到阿尔泰山之南。[③]

在很长一段时间里，突厥均为柔然所奴役，为其铁工。太和十一年以后，由于柔然与高车国不断的拉锯战争，双方都衰落了。因而，突厥得以强盛起来。西魏大统八年（542），中国史籍第一次提到突厥于每岁冰合后，由连谷县（今陕西神木北）侵扰西魏的绥州（治今陕西绥德）。[④]十一年，西魏曾遣酒泉胡人安诺槃陀使突厥。[⑤]对突厥最后反抗柔然统治有决定性意义的是，十二年（546）突厥首领土门袭击了邻近的敕勒部落，"尽降其众五万余落"[⑥]。这一胜利，奠定了突厥最后灭亡柔然的基础。

突厥取得兼并敕勒的胜利后，土门恃其强盛，向柔然阿那瓌要求通婚。阿那瓌听了后大怒，派人辱骂土门："尔是我锻奴，何敢发是言！"土门遂

① 马长寿：《突厥人与突厥汗国》，上海人民出版社 1957 年版，第 8—9 页。
② 松田壽男《古代天山の歷史地理學的研究》第 148 页说：蠕蠕势力达到西域焉耆、龟兹等地，是在大檀在位时期。根据主要是《魏书·蠕蠕传》云，大檀先统别部镇于西界，以及《西域传》记悦般人入柔然境两事。
③ 马长寿：《突厥人与突厥汗国》，第 9 页。
④ 《周书》卷 27《宇文测传》。
⑤ 《周书》卷 50《突厥传》。
⑥ 《周书》卷 50《突厥传》内云"铁勒"，应即敕勒，当为原高车国余部。

杀柔然使者，正式与柔然决裂。接着，土门积极争取与西魏和好，要求通婚。西魏于大统十七年（551）以长乐公主妻土门。① 次年，土门即发兵击破柔然，阿那瓌自杀，柔然政权基本瓦解。柔然王室一部逃至北齐，而留在漠北的也分裂成两个主要部分：东部余众立登注子铁伐为主；西部余众则拥阿那瓌叔父邓叔子为主。②

北齐天保四年（553），北齐文宣帝高洋送逃至北齐的柔然登注及其子库提返漠北。时柔然东部主铁伐为契丹所杀，余众复立登注为主。不久，登注又为其部下大人阿富提所杀，柔然余众又立登注子库提为主。同年底，突厥复攻柔然，库提等奔入北齐境。高洋即率军击走突厥，迎纳库提等，随即废库提，而立阿那瓌子庵罗辰为主。同时将他们置于马邑川（今山西朔县一带）。③ 次年初，庵罗辰等不甘心受北齐的统治，率部众五万余人北逃。后被北齐追军击破，庵罗辰父子北遁。同年四月，庵罗辰侵扰北齐肆州等地，高洋率军追击，"获庵罗辰妻子及生口三万余人"。接着在七月，北齐高洋又北击柔然。④ 至北齐天保六年（555），高洋率骑五千追柔然至怀朔镇、沃野镇，"获其俟利蔼焉力娄阿帝、吐头发郁久闾状延等，并口二万余，牛羊数十万头"。⑤ 为了防止柔然残余和突厥南下侵扰，北齐于是年筑长城，自幽州北夏口至恒州（治今山西大同），长九百余里。⑥ 自此，东部柔然基本瓦解，庵罗辰下落不明。

同年，突厥木杆可汗俟斤（土门子）率军击溃了西部柔然，邓叔子领余众数千投奔西魏。散在漠北的柔然残部又为北齐斛律金等所破灭。⑦ 西魏对邓叔子等虽然很优待，"给前后部羽葆鼓吹，赐杂彩六千段"。⑧ 但在突厥使者一再的威逼之下，遂将邓叔子以下三千余人交与突厥使者，惨杀于长安青门

---

① 《周书》卷50《突厥传》。
② 《周书》卷50《突厥传》云：552年土门击破柔然，"余众复立阿那瓌叔父邓叔子为主"；《魏书》、《北史》皆云立铁伐为主。《通鉴考异》云："盖诸部分散，各有所立也。"根据邓叔子、铁伐活动地区，大致可推测：邓叔子在河套西北，铁伐活动在河套以东。
③ 《北齐书》卷4《文宣帝纪》。内云"马邑州"，当为"马邑川"之误。
④ 均见《北齐书》卷4《文宣帝纪》。
⑤ 《北齐书》卷4《文宣帝纪》。
⑥ 同上。
⑦ 《北齐书》卷17《斛律金传》。
⑧ 《周书》卷15《李弼传》等。

外，中男以下并配王公家。[①] 自此以后，柔然作为中国北方一个地方政权彻底瓦解。[②]

从此，遗留在漠北草原的柔然残部的活动情况，就很少见于记载。但是，仍然有一些线索可寻。日本学者内田吟风著《北アジア史研究——鲜卑柔然突厥篇》中，引用中国唐代慧琳《一切经音义》卷91里一段话："芮芮国，爇锐反。亦名耎国。北狄突屈中小国名。""芮芮"即柔然，"耎国"即蠕蠕一词的转讹，"突屈"即突厥。这条珍贵的资料表明：自突厥灭柔然后，残留在漠北的柔然似仍聚居一处，归突厥统治。上面提到，最后一个柔然可汗庵罗辰下落不明，此或即庵罗辰之后代，亦未可知。内田吟风还引用了中国五代胡峤撰《陷虏记》，内云契丹中有一部称"妪厥律"的。他认为，妪厥律即柔然王族郁久闾氏的后裔。[③]

按辽大同元年（947），胡峤因辽太宗耶律德光死，随辽宣武节度使萧翰北归，入契丹，居七年，归后撰《陷虏记》[④]。书中所记"妪厥律"，系听契丹人的传闻，文云：

> 西北至妪厥律，其人长大，髦头，酋长全其发，盛以紫囊。地苦寒，水出大鱼，契丹仰食。又多黑、白、黄貂鼠皮，北方诸国皆仰足。其人最勇，邻国不敢侵。又其西，辖戛，又其北，单于突厥，皆与妪厥律略同。

内田吟风以妪厥律与柔然王族郁久闾氏音近，而认为此部可能是柔然

① 《北史》卷98《蠕蠕传》。

② 内田吟風《北アジア史研究——鲜卑柔然突厥篇》内，辑其《柔然の滅亡年について》一文，内云：柔然灭亡的年代，不应是555年，而应在北周末，即570—580年间。他的主要根据是《通志·氏族略》说：突厥"阿史那最为首领，后周末遂灭蠕蠕"；以及唐慧琳《一切经音义》卷91，云"芮芮国，爇锐反。亦名耎国。北狄突屈中小国名"。《通志》成书较晚；慧琳所云"芮芮国"，实际上应属突厥中的一个部，非昔日建立政权可比。又中国其他文献均把邓叔子等被杀作为柔然政权灭亡的标志。因此，内田吟风的说法，根据似嫌不足，难以成立。

③ 内田吟風:《北アジア史研究——鲜卑柔然突厥篇》，第321页。

④ 按《陷虏记》有《说郛》本，商务印书馆出版《旧小说》9，丙集五代部分（书名为《陷北记》），此外《新五代史》卷73《四夷附录》第二也录有全文。

的后裔，此说有一定道理。唯胡峤所述妪厥律部人的习俗与柔然相异，此也可用柔然余部迁入契丹西北后，因地而变俗来解释。同时，上述柔然东部主铁伐曾被东边的契丹所杀。柔然亡后有一部分迁入契丹，辗转到契丹西北定居，是有可能的。

从整个柔然兴衰的历史可看出，柔然最后灭亡的原因，主要还不在于北魏等中原王朝对它不断的"讨伐"，而是在于它内部被压迫和被奴役的奴隶和部落的起义。太和十一年，被柔然奴役的敕勒副伏罗部的起义和分立，使柔然走向衰弱的道路。至西魏废帝元年（552）至西魏恭帝二年（555），长期为柔然役使的铁工突厥部的起义，最终摧毁了柔然早期奴隶制政权。

四、柔然与南朝及其他地区的关系

柔然与南朝发生关系的时间也很早。在柔然强盛的初期，北魏与柔然之间战争频繁。当时，柔然采取联合中原其他政权，共同对付北魏的策略。但是，这些政权势力都比较小，最后均为北魏所兼并。对于与北魏对峙的较为强大的南朝，柔然同样积极采取联合的方针，很早就派遣使者到南方，与当时的刘宋政权联络。据《宋书》卷46《张邵传》的记载，在宋元嘉七年（430）时，任宋雍州（治今湖北襄樊）刺史的张邵失信和压迫淅川、丹江一带的少数民族。故其子至襄阳定省回建康（今江苏南京）时，淅川、丹江的少数民族准备在路上劫取之。"会蠕蠕国遣使朝贡"，这些少数民族以为是张邵子，遂劫掠之。[①] 这是柔然遣使至南朝的最早记录。又《古今图书集成·边裔典》卷128《蠕蠕部》神麚四年（431）也记：是年，"蠕蠕遣使朝献（指对北魏），其时也通贡于宋"。因此，可以确定地说，至少在5世纪30年代，柔然就不断遣使与刘宋联络，以建立针对北魏的联盟。

但是，柔然自北魏神麚二年（429）受到北魏的沉重打击，势力衰微，

---

① 《宋书·张邵传》原文已佚，此系后人引用《南史·张邵传》补辑而成。其内称柔然为"蠕蠕"，而不称"芮芮"，即其明证（此说见中国科学院历史研究所史料编纂组：《柔然资料辑录》，中华书局1962年版，第101—102页）。

而刘宋当时虽然扬声"北伐",可是也自知无力攻魏。所以,刘宋对柔然要求联盟的态度不是十分积极。正如《宋书》卷95《索虏传》所说:因柔然"常南击索虏(北魏),世为仇雠,故朝廷每羁縻之"。

自5世纪40年代,北魏基本上统一了北方,柔然与中原其他政权的联盟彻底瓦解。宋元嘉十九年(442),柔然又积极派遣使者到刘宋联系。[①]以后,柔然使者络绎不绝地出现在建康。据史书记载,从40年代起至70年代末刘宋灭亡为止,在这短短的30多年时间内,柔然遣使至刘宋共达10次之多。其中在刘宋泰始七年(471)一年中,就有两批使者先后到达建康。[②]这一事实说明:柔然在这段时期内联络刘宋是十分迫切的。

在柔然不断遣使的催促之下,刘宋政权于升明二年(478)派遣骁骑将军王洪轨(又作王洪范)出使柔然,目的是"克期共伐魏虏"[③]。洪轨于次年到达柔然。柔然可汗予成(吴提孙)即于是年率三十万骑兵进攻北魏,至塞上。据《南齐书·芮芮虏传》记载:当时,"芮芮主发三十万骑南侵,去平城七百里,魏虏拒守不敢战,芮芮主于燕然山下纵猎而归"。也就在这一年,刘宋政权为萧道成夺取,南齐政权建立。南齐建元二年(480)、三年(481),柔然又接连遣使至南齐,欲建立对魏的联盟。但因萧道成刚即位不久,"不遑出师"[④],故柔然与南齐没有共同对北魏采取军事行动。柔然国相邢基祇罗回致南齐的书信中,仍然多方鼓动南齐,与之联盟。信中说:"……虽吴、汉(应为'漠')殊域,义同唇齿,方欲克期中原,龚行天罚。治兵缮甲,俟时大举。振霜戈于并、代,鸣和铃于秦、赵,扫殄凶丑,枭剪元恶。然后皇舆迁幸,光复中华,永敦邻好,侔踪齐、鲁。使四海有奉,苍生咸赖,荒余归仰,岂不盛哉!"到南齐永明元年(483),王洪轨才从柔然那里返回建康,"经途三万余里"。柔然可汗通过使者向南齐求医生和织工,但遭南齐婉言拒绝。[⑤]

到南齐永明三年(485),南齐遣丘冠先出使柔然。丘冠先到柔然后,因

① 《宋书》卷5《文帝纪》。
② 《宋书》卷8《明帝纪》。
③ 《南齐书》卷59《芮芮虏传》;又见《建康实录》卷16。
④ 同上。
⑤ 同上。

不拜柔然可汗被杀。① 自此，两者关系恶化，直到南齐中兴二年（502）南齐灭亡止，史书再没有关于柔然与南齐使者往还的记载。

柔然与南朝通使关系的恢复，大约是在梁天监十四年（515）。是岁，柔然遣使向梁献马、貂裘等。② 到西魏恭帝二年（555）柔然灭亡止，史书还记载了柔然五次遣使至梁"朝贡"的史实。

综上所述，柔然从联合南朝共抗北魏的策略出发，与南朝各政权建立了友好的关系。这个政治目的，虽因道路弥远及南朝各政权更迭频繁而没有实现，但是在加强漠北与南方汉族之间的关系上，仍然具有很大的意义。柔然与南朝使者往来的道路，因敌国北魏的阻碍，通常是经过西域、吐谷浑而抵益州这条道路。③ 柔然献给南朝的礼物，一般是漠北草原的特产，如貂皮、狮子皮袴褶、马、金等。他们希望从具有高度发达文化的南朝那里，获得先进的丝织技术和医药等。在双方频繁的遣使活动中，先进的汉族文化对柔然产生了一定的影响。

现在叙述一下柔然与嚈哒的关系。

据《梁书》、《南史》等中国史籍记载，嚈哒最初名"滑国"，是车师别种。《魏书》、《北史》则云嚈哒是"大月氏之种类也，亦曰高车之别种。其原出于塞北。自金山而南"。两者的说法基本一致，所谓"金山而南"，即今阿尔泰山以南，其地正当今吐鲁番（车师）一带。按上引史书的说法，嚈哒人种应属"车师别种"或"大月氏"、"高车别种"。据东罗马拜占庭作家帕罗科匹斯（Procopius）对嚈哒人的描写："嚈哒与匈奴同种，且沿用匈奴之名，但他们和吾人所习知的匈奴人实大不相同。在所有的匈奴人民之中，只有他们的皮肤是白色的，也只有他们的体态是正常的。"④ 所谓"正常"的体态，当即指同于东罗马的欧罗巴人种的体态。所以，拜占庭的作家们称嚈哒为"白匈奴"。最近，在新疆吐鲁番阿拉沟发现了春秋至汉代少数民族的墓葬群。从墓内出土的大量人骨的分析数据表明：墓葬主人具有欧罗巴伊兰人

① 按《南齐书》卷59《河南传》云：丘冠先系出使吐谷浑，因不拜其主见杀。而《南史》卷73《丘冠先传》云是出使蠕蠕，不拜见杀。今从《南史》本传。
② 《梁书》卷54《西北诸戎传》。
③ 《南齐书》卷59《芮芮虏传》云："芮芮常由河南（吐谷浑）道而抵益州（四川）。"
④ 转见麦高文著，章巽译：《中亚古国史》，中华书局1958年版，第209页。

种的特征。这就证明中国史籍中说嚈哒是"车师别种"的记载是正确的。嚈哒、月氏基本上属欧罗巴伊兰人种。又《北史·西域传》"嚈哒"条说：嚈哒的语言"与蠕蠕、高车及诸胡不同"。即是说，嚈哒不属于阿尔泰语系突厥语族（如高车），也不属于蒙古语族（如柔然），而很有可能与古代的车师人一样，属印欧语系伊兰语族。

关于嚈哒的早期历史，《梁书》卷54《诸夷传》"滑国"条说："汉永建元年（126），八滑从班勇击北虏有功，勇上八滑为后部（即车师后部）亲汉侯。自魏晋以来不通中国，至天监十五年（516），其王厌带夷栗陁始遣使献方物。"在北魏居代都时（318—398），嚈哒仍居车师后部，是一个很小的部落，臣属于柔然。[①]以后，嚈哒为了摆脱柔然的压迫，向西迁徙[②]，先后征服了焉耆、龟兹、疏勒、于阗诸小国。然后，又向西征服中亚的索格狄亚那（Sogdiana，即今乌兹别克斯坦撒马尔罕一带），接着又南下征服并定居于巴克特里亚（Bactria，即今阿富汗北部），建立了一个强大的政权。至梁天监十五年（516），嚈哒始遣使至梁，而在十七年（518），北魏也遣宋云、惠生等出使西域，路经嚈哒。嚈哒之名，即由其王厌带夷栗陁之名转讹而来。

据中国史籍载：嚈哒是以游牧为生，"众可有十万，无城邑，依随水草，以毡为屋"，"其人凶悍，能斗战，西域康居、于阗、沙勒（疏勒）、安息及诸小国三十许，皆役属之，号为大国"。[③]其都城在拔底延（又名王舍城），即今阿富汗赫拉特城稍北之地。[④]

嚈哒原是臣属于柔然的，迁至中亚后才建立了一个强大的政权，称霸中亚，并与西边波斯萨珊王朝时有争战。它与柔然基本上保持着友好关系，一直到5世纪末。在此期间，柔然在西域的势力主要是在高昌、伊吾以北，一度曾达于阗。嚈哒则控制龟兹、于阗、疏勒等地，但没有直接进行统治。从许多资料看，这些小国对建国于中亚阿姆河南部的嚈哒只是表示服从而已。

---

① 《魏书》卷102《西域传》"嚈哒"条。
② 据现存梁《职贡图》（宋代复本）"滑国"说明云："索虏入居桑乾，滑为小国，属芮芮。齐时始走莫口而居。后强大，征其旁国……"（见金维诺：《"职贡图"的时代与作者——读画札记》，《文物》1960年第7期）。知嚈哒西迁，当在南齐时（479—501）。榎一雄《梁職貢圖的记事中有關滑國》（《東方學》1963年第26辑）对此有专门论述。
③ 《北史》卷97《西域传》"嚈哒"条。
④ 上引《中亚古国史》，第213页。

北魏太和十一年敕勒副伏罗部在新疆北部建立高车国后，嚈哒与高车国争夺西域的斗争尖锐起来。大约在 5 世纪最后 10 年中，嚈哒击杀驻守南部的高车国储主穷奇，俘其子弥俄突。后嚈哒又支持弥俄突返国，立为高车国王，与柔然争夺西域的霸权。至北魏正光三年（522）柔然分裂，其可汗婆罗门又与嚈哒和好通婚，嚈哒王的三个妻子都是婆罗门的姊妹。但是自婆罗门为北魏擒获后，柔然与嚈哒的关系也就断绝了。西魏恭帝二年（555）柔然为突厥所灭，过了 10 年左右，嚈哒也为突厥与波斯的联盟所破灭，领土为突厥和波斯萨珊王朝所瓜分。[①]

5 世纪初，嚈哒征服索格底、巴克特里亚以前，这些地区原是大月氏国的领地。据《北史·西域传》"大月氏"条记：大月氏原在阿姆河流域，都城叫卢监氏城（即汉时蓝氏城，今阿姆河南瓦齐拉巴德）。"北与蠕蠕接，数为所侵，遂西徙都薄罗城（即今波尔克［Balkh］）……"柔然盛时，其境是否达大月氏所在的阿姆河北，颇令人怀疑，因为其他资料并没有此记载。更令人费解的是，大月氏之西徙是否真是与柔然的侵扰有关？抑或因柔然压迫其他民族（如乌孙、嚈哒）逼其西迁？因资料缺乏，很难判断。[②]

此外，中国史籍还记载了另两个与柔然有关系的西域国，即悦般和乌孙。自汉代以来，居住在今巴尔喀什湖东南、伊塞克湖一带的乌孙，在柔然兴起后，数为其侵扰。于是，乌孙向西南迁于今帕米尔一带。[③] 悦般在乌孙的西北，原是北匈奴西迁时，留居此地的部落。《北史·西域传》"悦般"条说：在柔然大檀时（414—429），悦般曾与柔然交好，其王到柔然，欲与大檀相见。"入其界百余里，见其部人不浣衣，不绊发，不洗手，妇人口舐器物。王谓其从臣曰：'汝曹诳我，将我入此狗国中。'乃驰还。"大檀派人追赶不及。从此，两国交恶，"数相征伐"。北魏太平真君九年（448），悦般遣使至北魏，

---

① 见上引《中亚古国史》第 222—223 页等。

② 关键是大月氏最早西迁于何时，如系嚈哒西侵之前，则可能是乌孙或柔然所逼；如系在嚈哒西侵之时，那显然是因嚈哒所逼而西迁。《中亚古国史》主后一种说法。内田吟风《北アジア史研究——鲜卑柔然突厥篇》中《蠕蠕の寄多罗月氏领バルク地方侵入について》一文，则云柔然约于北魏延和三年（434）左右借助于仍属他的嚈哒的军队，占领了大月氏寄多罗的领地，势力达其都薄罗城。

③ 《北史》卷 97《西域传》"乌孙"条。

要求与魏联合，共击柔然。北魏太武帝即于是年北击柔然，至受降城（在南床山南），不见柔然，因留守城内而还。[①] 至隋代，悦般之名再也不见于史册。据日本学者松田寿男的考证，在公元 5 世纪初嚈哒势力伸入南疆，与高车国争夺高昌，悦般或即于此时灭于柔然，或被嚈哒所并，而后者的可能性更大。[②]

　　总之，目前我们对柔然和西域及中亚关系的历史知道得很少，而且资料残缺不全。但从柔然的社会经济文化等方面看，他与西域和中亚的关系还是比较密切的。[③] 有时，他甚至起到联系西域、中亚与中国内地交通贸易的桥梁作用。如在东、西魏，北齐、北周对峙时期，西域的商胡因西魏、北周的阻挠，多由北边的柔然绕道至北齐贸易。《北史》卷 96《吐谷浑传》记："兴和（539—542）中，齐神武作相，招怀荒远，蠕蠕既附于国，夸吕（吐谷浑可汗）遣使致敬……夸吕乃遣使人赵吐骨真假道蠕蠕，频来东魏。"吐谷浑的中心在青海，当时其"地兼鄯善、且末"，其使臣往返均经北边的柔然，且带有大量西域胡商和货物。[④]

　　在柔然的东面，还有一些属东胡族的部落和部落联盟。在其东北的是乌洛侯，地当在今呼伦池及兴安岭一带。乌洛侯之南是地豆于，地豆于西南是库莫奚，库莫奚之东是契丹。据《魏书》卷 100 上述各部的专传中，均未提到他们臣属过柔然之事。《契丹传》仅叙及北魏太和三年（497）时，"高句丽窃与蠕蠕谋，欲取地豆于以分之。契丹惧其侵轶，其莫何贺勿于率其部落车三千乘、众万余口，驱徙杂畜，求入内附，止于白狼水（今辽宁大凌河）东"。又《北史·蠕蠕传》曾记：西魏废帝二年（553），柔然主铁伐为契丹所杀。这两件事丝毫不能得出契丹曾为柔然役属的结论。所以，《魏书·蠕蠕传》说柔然其东达朝鲜之地，是值得怀疑的。按唐代杜佑《通典》卷 196"蠕蠕"条，关于柔然的东境是这样叙述的："……东则朝鲜故地之西。"如果把这句话理解为不包括朝鲜西部的上述诸部，那么《通典》的记述，也许更加符合当时的历史事实。

---

① 《北史》卷 97《西域传》"悦般"条；《魏书》卷 4 下《世祖纪下》。
② 松田壽男：《古代天山の歴史地理學の研究》，第 216 页。
③ 如佛教在柔然的传播等，说见后。
④ 《周书》卷 50《吐谷浑传》记：魏废帝二年（553），西魏凉州刺史史宁在凉州西曾袭吐谷浑从北齐返回的使臣，获其仆射、将军外，还有"商胡二百四十人，驼骡六百头，杂彩丝绢以万计"。

第三章　柔然的政治制度、社会经济和意识形态

一、柔然的社会经济和意识形态

4世纪初，当木骨闾从拓跋鲜卑的部落联盟中分离出来时，柔然仅是一个以木骨闾为中心的氏族部落。车鹿会自号柔然后，他成为拓跋鲜卑部落联盟中的一个"部帅"。因此，那时柔然与拓跋鲜卑的情况基本相同，也是处于以游牧经济为主的部落联盟阶段。他游牧的地区，大致在拓跋鲜卑的北部和西北部，包括漠南和漠北的广大地区。所以，《魏书·蠕蠕传》说，车鹿会时，柔然"冬则徙度漠南，夏则还居漠北"。

至北魏天兴五年（402），柔然社仑摆脱了北魏的控制，先后征服了在蒙古草原上游牧的其他部落，统一漠北，形成了一个早期奴隶制政权。这个政权与进入中原的拓跋鲜卑开始走上了不同的发展道路。

下面我们先叙述柔然的社会经济。

柔然同匈奴一样，主要是从事游牧，以畜牧业为主。中国史籍多次提到，柔然是"随水草畜牧"，"所居为穹庐毡帐。……马畜丁肥，种众殷盛"[1]，"无城郭，逐水草畜牧，以毡帐为居，随所迁徙"[2]。水草丰美的大漠南北，是游牧的好地方，那里"深山则当夏积雪，平地则极望数千里，野无青草。地气寒凉，马牛齕枯噉雪，自然肥健"[3]。柔然的畜牧业是十分发达的。牲畜的数量也很多。西晋太元十年（385），刘眷攻击在意辛山游牧的柔然别

---

[1]　《魏书》卷103《蠕蠕传》；《南齐书》卷59《芮芮虏传》。

[2]　《宋书》卷95《索虏传》。

[3]　同上。

部肺渥时，一次就获牛羊数十万头。北魏太平真君十年（449），魏军深入漠北，仅略阳王羯儿一支部队，就"尽收其（柔然）人户畜产百余万"。

在柔然饲养的牲畜中，马是主要的牲畜之一。对游牧民族来说，马不仅是其游牧迁徙和狩猎的主要工具，而且也是进行军事征战和防御敌人的重要装备。中国史籍每次提到柔然向北魏发动袭击，动辄就是三十万骑或十万骑。正因为柔然普遍使用骑兵，"风驰鸟赴，倏来忽往"[①]，形成了一支威震漠北的力量。同时，马匹还作为柔然向中原其他割据政权贡献的礼品和贸易的物品。北魏天赐四年（407），社仑为了结好后秦，共抗北魏，"献马八千匹于姚兴"。北魏永兴三年（411），斛律求与冯跋和亲，献马三千匹。阿那瓌长女嫁与西魏文帝时，携"马万匹"。[②]这些资料都说明，柔然十分重视养马，而且马匹的数量是很多的。

除马之外，牛、羊也是柔然的主要牲畜。牛、羊是游牧民族衣食的主要来源，既是生活资料，又是生产资料。从北魏多次进攻漠北，从柔然那里俘掠的牛羊数目动辄几十万只的数字看，柔然的牛、羊众多，真可谓"马畜丁肥"。

骆驼也是柔然饲养的牲畜之一。《北史》卷13《后妃列传上》记：阿那瓌长女出嫁时，还携带有"驼（骆驼）千头"。

5世纪以后的柔然游牧的情况，大致还是"冬则徙度漠南，夏则还居漠北"。主要原因是因冬季漠北严寒，饲料缺乏，牲畜容易大批死亡，因而每到秋末，则徙度漠南较为暖和的地区。其次，柔然自秋末起徙居漠南，还有与北魏进行贸易和掠夺边地人口、牲畜的目的在内。北魏神䴥二年（429）崔浩劝拓跋焘伐柔然时说：柔然"夏则散众放畜，秋肥乃聚，背寒向温，南来寇抄"[③]。中国史籍所载柔然袭击北魏边境的时间，也大都在秋、冬两季。

对游牧民族来说，狩猎作为游牧经济的一种补充，是十分重要的。匈奴、柔然，以及后来兴起于蒙古草原的突厥、蒙古都是如此。通过狩猎获取的野兽或其他野生动物，是游牧民衣食来源之一，而且狩猎还能训练青年，

---

① 《魏书》卷103《蠕蠕传》。
② 《北史》卷13《后妃列传上》。
③ 《魏书》卷35《崔浩传》。

使之迅速成长为"战士"。史籍中，很少有关于柔然从事狩猎的记载[①]，但从其他方面，我们仍然可以看到狩猎在柔然经济上所起的作用。《魏书·蠕蠕传》记，早在车鹿会时，柔然向北魏"岁贡马畜、貂豹皮"。《南齐书》、《梁书》等也多次提到：柔然向齐、梁等政权，贡献"貂皮杂物"，"献乌貂裘"，"献师子皮袴褶"等。这些贡品，都是通过狩猎而获得的野兽皮毛。又北魏凉州刺史袁翻在上表论安置柔然婆罗门于西海郡时说："且西海北垂，即是大碛，野兽所聚，千百为群，正是蠕蠕射猎之处。殖田以自供，籍兽以自给，彼此相资，足以自固。"[②]可见，狩猎在柔然经济中，仍然占有一定的地位。

柔然同匈奴一样，基本上是随水草游牧，居穹庐毡帐，但在后期也逐渐修建城郭。关于匈奴在漠北修建城郭，见于中国史籍和考古发掘资料[③]。据《梁书·西北诸戎传》的记载：柔然在"天监中（约510年），始破丁零（高车国），复其旧土。始筑城郭，名曰木末城"。此言自510年左右始，柔然开始建筑城郭。所建之木末城在何处？目前还没有资料来说明，大约柔然筑此城是为了控制和防御高车；故可能在王庭的西南。[④]

按木末城之名，源于北魏。《南齐书》卷57《魏虏传》记：北魏道武帝拓跋珪，字涉圭，子名"木末"（拓跋嗣）。并说："什翼珪（拓跋珪）始都平城，犹逐水草，无城郭，木末始土著居处。""木末"即北魏明元帝拓跋嗣，木末或其字。《南齐书》说木末时，拓跋鲜卑"始土著居处"是不够确切的。《魏书》卷105《天象志三》记：在北魏天赐三年（406），拓跋珪曾"发八部人，自五百里内缮修都城（平城），魏于是始有邑居之制度"。可见，早在拓跋珪时，拓跋魏已有筑城邑居之举，而非始自木末。拓跋珪所筑之平

---

① 仅见上述《南齐书》卷59《芮芮虏传》记：479年，芮芮南侵，去平城七百里，魏不敢战，"芮芮主于燕然山下纵猎而归"。

② 《魏书》卷69《袁翻传》。

③ 《史记》卷110《匈奴列传》；同书卷111《卫将军骠骑列传》；吉谢列夫：《蒙古的古代城市》，《苏联考古学》1957年第2期，中译文载《史学译丛》1957年第6期；和·普尔赛：《匈奴三城的遗址》（新蒙文），乌兰巴托科学委员会，1957年等。

④ 松田寿男《古代天山の歴史地理學の研究》第224—225页说：《梁书》所记柔然木末城，与《资治通鉴》所记突厥科罗可汗破柔然邓叔子于沃野镇北之"木赖山"系同一外国语的讹写，且云"木末"即"木来"之误。此说毫无根据。

城，是以中原都邑为蓝本的。[①]到了木末时，扩大了对平城的修建，于泰常七年（422），“筑平城外郭，周回三十二里”[②]。正因为木末承继其父扩大修筑平城外郭、宫室，使拓跋鲜卑最后逐渐由游牧转向定居。所以，《南齐书》有上述不确切的记载。而木末扩大修筑平城的事传到漠北，柔然人仿照北魏所筑平城，也开始修建城郭，并命名为“木末城”。从这一命名，可以想见，畜牧为主的经济决定了他们的生活方式，城郭只不过作为他们冬季或夏季居住的集中点而已。

柔然在后期，可能也有了农业。同匈奴一样，柔然的农业主要是由掳掠来的汉族奴隶从事的。北魏正光三年（522），阿那瓌投降北魏被安置在怀朔镇北后，曾“上表乞粟以为田种，诏给万石”[③]。袁翻在奏请安置婆罗门于西海时也说，婆罗门在西海郡可以“殖田以自供”。可见，在阿那瓌时，柔然已有了农业，主要作物是粟。此外，从北魏多次赠给阿那瓌“新干饭”、“麻子干饭”、“麦麨”、“榛麨”、“粟”来看，柔然人并不是完全不知“粒食”，而是渐知粒食。可是，农业在柔然的经济中并不占有一定的地位，其发展程度可能比匈奴还略逊一筹。阿那瓌在得到北魏赠给的田种粟万石后，仍然避免不了饥饿，可见他们是不善于耕种的。这正如当时北魏遣至阿那瓌处赈恤的元孚所说：“皮服之人，未尝粒食。宜从俗因利，拯其所无。……乞以牸牛产羊餬其口命。且畜牧繁息，是其所便，毛血之利，惠兼衣食。”[④]

柔然的手工业主要有冶铁、造车、制铠甲、造穹庐及毡帐、毛毡、毛裘、皮袴褶等皮毛、皮革诸部门。

蒙古草原进入铁器时代，大约是在公元前3世纪匈奴时期，这已为在漠北发掘的匈奴墓葬内出土的大量铁工具、武器所证明。比匈奴晚得多的柔然，自然也早已使用铁器。苏联早期考古学家波罗夫卡（Г. Ж. Ворвка）1925年曾于蒙古国土拉河畔的诺颜歹·斯穆发掘了一座属公元4—5世纪的贵族墓葬。这恐怕是目前我们所知的可能属柔然的唯一一处考古遗址。出土的器

① 《魏书》卷23《莫含传附孙题传》云：“后太祖欲广宫室，规度平城四方数十里，将模邺、洛、长安之制……”

② 《北史》卷1《魏本纪》。

③ 《魏书》卷103《蠕蠕传》。

④ 《魏书》卷18《临淮王谭附孚传》。

物中，就有铁制的刀、箭镞、马镳、马镫等物。[1] 中国文献也记载，柔然奴役下的突厥部，是其"铁工"。那么，突厥部所在的阿尔泰山之阳，自然成为柔然一个巨大的冶铁手工业基地。这里生产的铁工具、武器、铠甲[2]，主要是供给柔然王庭，是自不待言的。至于当时柔然或其奴役下的突厥冶铁手工业的具体情况，无论从文献和考古资料，我们都一无所知。

柔然也会制造车，并用车作为运输工具。《北史》记阿那瓌长女嫁与西魏文帝时，随行的车，竟达"七百乘"。神䴥二年（429），魏军深入漠北，虏获的东西，除牲畜、穹庐外，还有车。他们制造和使用的车，是什么形式的呢？据《魏书·临淮王谭附孚传》记：元孚慰劳阿那瓌，被拘留，"载以辒车，日给酪一升，肉一段"。辒车，即匈奴使用的车名。[3] 柔然制造的车，至少有一部分与匈奴的辒车相同。匈奴的车子曾在蒙古国诺颜乌拉匈奴墓葬中发现。[4] 车的制造乃是木器、铁器等手工业的综合应用。柔然能生产大批的车子，说明他们的木器、铁器等手工业是颇为发达的。

游牧经济的特点之一，是它本身带有商品交换的性质。游牧民迫切需要用自己的畜产品，与邻近的部落或国家，特别是从事农业或手工业发达的国家，交换一些生活必需品。这一特点自匈奴以来在漠北草原就一直存在着。柔然也不会例外。据我们所知，柔然同内地及中亚等地有着广泛的商业交往。他们用牲畜、畜产品来换取这些地区的丝绸、粮食、铁器及一些日用品。上述土拉河畔柔然贵族墓葬中还出土了一些汉式铜镜残片和汉式丝织品，以及中亚波斯萨珊王朝式的丝织品。显然，铜镜和汉式丝绸品是柔然人从北魏或南朝那里输入的，而萨珊王朝式的丝织品则可能是从波斯那里输入的。

柔然与中原内地的贸易十分频繁，这是自古以来蒙古草原游牧民族与内地经济联系的强有力的纽带。北魏正光四年（523），元孚在关于赈济阿那瓌

---

[1] 波罗夫卡：《土拉河流域的考古探查》，科兹洛夫编：《蒙古西藏考察队北蒙古调查探险报告》第 2 卷，列宁格勒，1927 年。原文未查到，此系转引他书。

[2] 《魏书》卷 2《太祖纪》记，蠕蠕社仑出兵救素古延等时，被魏将和突在河曲击败，魏获社仑"铠马二千余匹"。此铠马即装甲的骑兵，铠可能为柔然自制。

[3] 见《汉书》卷 87《扬雄传》所载之《长杨赋》。

[4] С. И. 鲁金科：《匈奴的文化和诺颜乌拉的墓葬》，莫斯科—列宁格勒，1962 年，第 112—113 页等。

的上表里说："又贸迁起于上古，交易行于中世。汉与胡通，亦立关市。今北人（柔然）阻饥，命悬沟壑，公给之外，必求市易。彼若愿求，宜见听许。"[①] 元孚这番话，道出了自古以来蒙古草原与内地关市贸易的重大意义，指出"北人"在"阻饥"时，更加要求与内地贸易。可见，市易对于游牧的柔然经济起着何等重大的作用。

从上述柔然社会经济情况看，柔然同匈奴一样是以游牧为主，其次是狩猎和农业，各种手工业也较发达。从现有资料判断，柔然整个社会经济发展的水平，并没有超过匈奴。

下面我们通过对柔然的语言、文字、宗教、婚姻制度和风俗习惯等方面的叙述，看一看柔然社会意识形态的特点。

柔然语言属于阿尔泰语系蒙古语族，这一结论已为近代学界所公认。如上所述，柔然源于东胡拓跋鲜卑，其语言应基本同于鲜卑语。不过，自5世纪初柔然建立政权后，其氏族、部落组成十分复杂，难免不受属突厥语族的敕勒语及其他语言的影响。现今保存下来用汉文译写的柔然语不多，国内外有学者（如日本的白鸟库吉、藤田丰八等）用比较语言学的方法，对保存下来的汉文译写的柔然语进行研究，取得了一些成绩，但也有一些牵强附会之处。[②] 下面就汉文献保存下来的汉文译写的柔然语，结合中外学者的研究介绍如下：

1. 木骨闾、郁久闾。按《魏书·蠕蠕传》记载，柔然始祖忘其姓氏，拓跋鲜卑因其首秃名之为"木骨闾"，后讹为"郁久闾"。可见，此名原系鲜卑语，首秃之意。英国巴克尔著《鞑靼千年史》[③] 卷3，谓"木骨闾"为柔然语。则此名为鲜卑与柔然语相同者。

2. 柔然、蠕蠕、芮芮、茹茹。如前所述，以上四个名词均为柔然名号。其中柔然（Róu-Rán）读音最接近原音。柔然与"薛禅"可能都是今蒙古语 Tsetsen、Sse-tsen 的音译，意为聪明、贤明。

3. 可汗。如前述，此词最早见于鲜卑语"可寒"或"可汗"，意为"官

---

① 《魏书》卷18《临淮王谭附孚传》。

② 因为现存柔然语很少，且均用汉字译写。汉字译写本身不够准确，而且古今读音有差别，如果用汉字译写还原，再用今蒙古语、朝鲜语、土耳其语与之比较，必然会产生不少谬误，故有许多学者对于这种比较语言学的方法持怀疑态度。

③ 此书有向达、黄静渊中译本。

家"，后变成皇帝的专称。

4. 丘豆伐。《魏书·蠕蠕传》记：社仑自号"丘豆伐"（《北史·蠕蠕传》作"丘豆代"可汗），"'丘豆伐'犹魏言驾驭开张也"。所谓"魏言"，系指北魏人用汉语翻译其意者，下同此。据白鸟库吉考证，今蒙古语谓管理、处置、指挥为 Kütele；谓广大、开张为 bada。丘豆伐之丘豆即 Kütele 之略译；伐，即 bada 之对音也。[1]

5. 蔼苦盖。上引书记：社仑弟斛律，"号蔼苦盖可汗，魏言姿质美好也"。白鸟库吉谓，柔然语之"蔼苦"，即今蒙古语 yang 之古音 yag、yak（资质、风习之意）之对音也，"盖"，即蒙语 gowa（美好之意）之对音也。[2]

6. 牟汗纥升盖。上引书记：柔然大檀，"号牟汗纥升盖可汗，魏言制胜也"。据留金锁《古代蒙古及蒙古帝国的建立》一文云："古柔然语'牟汗纥升盖'，即蒙古语'牟纥升盖'（不屈不挠）的古音。"[3]

7. 于陟斤。上引书记：大檀以弟大那子于陟斤为部帅。中外学者认为：于陟斤应即蒙语 Otčigin 或 Ütsüken 之同名异译，少子或幼子之意。[4]

8. 敕连。上引书记：大檀死后，其子吴提立，"号敕连可汗，魏言神圣也"。白鸟库吉说，蒙古族谓"天、神"为 tegri，敕连即 tegri 之对音。[5]

9. 处。上引书记：吴提死后，"子吐贺真立，号处可汗[6]，魏言唯也"。又《宋书·吐谷浑传》记有鲜卑语"处，可寒"，"虏言，'处，可寒'，宋言'尔，官家'也"。如此，则鲜卑语"处"意为"尔"，唯诺之意，与柔然语之"处"意义相同。

10. 受罗部真。上引书记：吐贺真死，"子予成立，号受罗部真可汗，魏言惠也"。白鸟库吉以为柔然语受罗部真，与蒙古语系 Balagansk 语的 durun（意为爱怜）同语也。[7]

---

① 白鸟库吉：《东胡民族考》下编，中译本，第71—72页。
② 同上书，第73页。
③ 文载《蒙古史文稿》1978年第2期。
④ 冯承钧：《高车之西徙与车师鄯善国人之分散》；白鸟库吉：《东胡民族考》下编，中译本，第83—84页。
⑤ 白鸟库吉：《东胡民族考》下编，中译本，第75页。
⑥ 《资治通鉴》卷124"宋元嘉二十一年九月"条记作"处罗可汗"，误。
⑦ 白鸟库吉：《东胡民族考》下编，中译本，第76—77页。

11. 伏古敦。上引书记：予成死，"子豆仑立，号伏古敦可汗，魏言恒也"。上引留金锁文曰："在古蒙古语和现代蒙古语中，常常有'伏'和'兀'两个音交替使用的现象。""古柔然语'伏古敦可汗'应读作'兀古敦可汗'，其词根是'兀古惕'，加从属格'温'则变为'兀古敦'。现代蒙古口语称'（永）恒'为'兀古儿惕'，书面语称作'额古儿惕'，加从属格则变做'兀古儿敦'或'额古尔敦'。古柔然语'伏古敦'和现代蒙古语'兀古儿敦'，意思相同，读音相近，是同一个词，前者是后者的原始读音。"①

12. 候其伏代库者。上引书记，"那盖号候其伏代库者可汗，魏言悦乐也"。

13. 他汗。上引书记：伏图继那盖为柔然可汗，"号他汗可汗，魏言绪也"。白鸟库吉以为，柔然语之"他汗"，即 Burjat 语 dehan（意为马缰）的对音。②

14. 豆罗伏跋豆伐。上引书记：伏图为敕勒所杀，"子丑奴立，号豆罗伏跋豆伐可汗，魏言彰制也"。

15. 是豆浑。上引书云：柔然丑奴在位时，"有屋引副升牟妻是豆浑地万，年二十许，为医巫……"。《资治通鉴》卷 149 "梁武帝普通元年九月"条记为"巫地万"。可见是豆浑为巫者之意。白鸟库吉认为：是豆浑是今蒙语 Šitughen 的对译，神灵、神像之意，与萨满（Šaman）——巫者的意思相同。③ 地万因其职为姓，称是豆浑（巫）地万。

16. 可贺敦。上引书还记：丑奴重用地万，号为圣女，"纳为可贺敦"。《资治通鉴》胡注："柔然之主曰可汗，其正室曰可贺敦。"④ 按可贺敦一词与可汗一词，最早可能均源于鲜卑部落。如吐谷浑可汗称其妻为"恪尊"⑤，拓跋鲜卑皇后称"可孙"。恪尊、可孙即可贺敦之异译，均指皇后而言。以后突厥可汗妻也称"可贺敦"或"可敦"⑥，盖袭自柔然。⑦

① 留金锁：《古代蒙古及蒙古汗国的建立》，《内蒙古社会科学》1980 年第 1 期。
② 白鸟库吉：《东胡民族考》下编，中译本，第 80 页。
③ 同上书，第 83 页。
④ 《资治通鉴》卷 149 "梁武帝普通元年月"条。
⑤ 《魏书》卷 101《吐谷浑传》。
⑥ 《南齐书》卷 57《魏虏传》。
⑦ 关于可贺敦的详细考证，参见白鸟库吉：《东胡民族考》上编，中译本，第 89—100 页。

17. 弥偶可社句。《魏书·蠕蠕传》记：阿那瓌投北魏后，其从兄婆罗门，"号弥偶可社句可汗，魏言安静也"。

18. 敕连头兵豆伐。《魏书·蠕蠕传》记：阿那瓌返回漠北后，"士马稍盛，乃号敕连头兵豆（《北史·蠕蠕传》缺'豆'字）伐可汗，魏言把揽也"。按前述敕连为神圣之意，则"敕连头兵豆伐"的完全意思，应为"神圣把揽"。

由于古柔然语存留不多，而且都是用汉语译写下来的，加上古今汉语读音不同，当时译写也没有一定的规则，因此今天我们用比较语言学的方法去研究古柔然语，牵强附会及错误之处必然不少。但是，从上述可知词意的柔然语的分析中，大致可以看出：所谓的柔然语与今天的蒙古语是相近的，它们之间有着一定的渊源关系。而且，有一部分柔然语又与鲜卑语十分接近，鲜卑、柔然的语言又都与今日的蒙古语有密切的关系。这一结论与柔然源于东胡鲜卑的结论基本上是一致的。

柔然有没有自己的文字？这个问题目前还不能做肯定的答复。一般说来，匈奴没有自己的文字，只是借用汉语文。[①] 柔然的情况如何？《宋书·索虏传》说：柔然"……不识文书，刻木以记事，其后渐知书契，至今颇有学者"。《南齐书·芮芮虏传》亦说：柔然是"刻木记事，不识文书"。据此，可知柔然早期是没有文字，不识书契的。但是，到后期，柔然能"渐知书契"，此书契是柔然自己的文字写的，或是借用他族文字写的，目前无法断定。《南齐书·芮芮虏传》还说："宋世其国相希利垔解星筭数术，通胡、汉语。"此胡语，是柔然语文，还是西域胡语文，也搞不清楚。

我们知道，柔然源于拓跋鲜卑，其语言基本同于鲜卑语。据中国文献记载，鲜卑语是有文字的。《隋书》卷32《经籍志》著录了用鲜卑文字书写的《国语》、《鲜卑语》、《鲜卑号令》等书籍十余种。可惜这些书籍均已失传，目前又没有发现只言片语的鲜卑文字。如果真有鲜卑语文存在，那么柔然使用文字是有可能的。上述的"书契"、"胡语"也有可能是鲜卑语文或柔然语文。这仅是一种推测，不一定正确。

---

① 马长寿：《北狄与匈奴》，第79—80页；林幹：《匈奴史》，内蒙古人民出版社1979年版，第142页等。

　　不管柔然是否有自己的文字，在后期他们广泛地使用汉语文是可以肯定的。上述柔然国相希利垔就通胡、汉语。《南齐书》还记载了柔然另一国相邢基祇罗回致南齐政权的书信。这封书信很可能是用汉文写的。信的风格，汉语典故、典籍的引用，简直如出自汉族士大夫的手笔。《宋书》说，柔然"至今颇有学者"当不诬。

　　在宗教信仰方面，柔然除了保存自匈奴以来蒙古草原传统的巫术之外，还普遍信仰佛教。《魏书·蠕蠕传》记：北魏永平四年（511）九月，柔然可汗"丑奴遣沙门洪宣奉献珠像"。在柔然政权中，甚至设置了由佛教僧人担任的"国师"一职。《大藏经·高僧传》第八《释法瑗传》就记载：释法瑗的二兄法爱，"亦为沙门，解经论兼数术，为芮芮国师，俸以三千户"。南北朝时期，中国内地及西域各地佛教均很流行。柔然曾统治西域东北的高昌、伊吾之地，与北朝、南朝各政权有频繁的交往。因此，佛教从这几个方面传入柔然境内是完全可能的。在今新疆吐鲁番（高昌）曾出土过署为"永康五年岁在庚戌七月"的《莲华经》残卷。据王树枏考证：永康元年当为柔然予成立为可汗后二年（466）所立之年号。如此，则永康五年应为470年，岁在庚戌。[1]《莲华经》残卷当为柔然统治高昌时，高昌人所书写。

　　信仰佛教的柔然，甚至吸引了一批外地的僧人。如南朝僧人法献，曾于宋元徽三年（475），从金陵，西游巴、蜀，路出河南（吐谷浑），道经芮芮，后到于阗。[2] 6世纪中，又有北印度僧人那连提黎耶舍等六人，从西域北上，到柔然。后因突厥灭柔然，故改道到达北齐邺都。[3] 更有意思的是，阿那瓌的从父兄名郁久闾婆罗门。婆罗门乃印度四大种姓之一，系梵语净行、净志之意，奉事大梵天。又有称"婆罗门教"者，意即印度婆罗门所信之教。印度又有婆罗门国之称。[4] 柔然可汗姓婆罗门，说明当时印度佛教已传入柔然，故有此姓。

　　上述事实完全证明：柔然统治者信仰佛教并大力推广佛教。这是一千五百多年前佛教在蒙古草原的首次传播。以后，在统治蒙古草原的突厥，同

---

①　见王树枏《新疆访古录》卷1。
②　《大藏经·高僧传》第十三。
③　《大藏经·续高僧传》第二。
④　《大唐西域记》卷2云："印度种姓族类群分，而婆罗门特为清贵，从其雅称，传以成俗，无云经界之别，总谓婆罗门国焉。"

柔然一样，佛教也很流行。① 一直到 13 世纪蒙古族兴起于漠北后，佛教更是盛行于蒙古草原，一直到今天。

佛教文化传入柔然之后，必然对柔然社会产生极大的影响，可惜目前我们已无法知悉了。但可以肯定地说随着佛教的输入，柔然与内地及中亚、印度的交往，必然会有进一步的加强。

除了佛教外，柔然还保存了蒙古草原传统的对自然的崇拜和原始巫术，即早期萨满教。匈奴人是崇拜自然和盛行巫术、巫医的。② 《梁书·芮芮传》记："其国能以术祭天而致风雪。"《魏书·蠕蠕传》也记：柔然可汗丑奴弟祖惠，为医巫地万劫去，地万"假托鬼神"，又为丑奴寻得，丑奴被惑，称地万为圣女。后来，祖惠说明原委，地万为丑奴母侯吕邻氏所杀。这些记载表明：柔然同匈奴一样也崇信"巫"，用以祈请天地鬼神。巫一般由妇女担任，且兼医生的职业。所以，《蠕蠕传》称地万为"医巫"。

在婚姻制度方面，柔然同匈奴的情况大致相同。早在 4 世纪末，柔然从拓跋鲜卑中分离出来时，就已经进入了父系家长制的家族阶段。以后，又逐渐形成了一夫一妻制。各个氏族内部的婚姻被禁止了，盛行着族外婚。如柔然王族郁久闾氏，就同其他氏族联姻。《魏书·蠕蠕传》记柔然可汗豆仑妻姓侯吕邻氏，即属侯吕邻部人。这种情况同匈奴王族挛鞮氏和被指定的几个大氏族呼衍氏、须卜氏、丘林氏世为婚姻相似。③ 同时，这种族外婚，也是加强奴隶主之间的关系，维持统治阶级"贵种"的社会地位的一种方式。

此外，柔然和匈奴一样也盛行子娶母（非生母）的收继婚制和弟娶寡嫂（或兄娶寡弟媳）的婚俗。《北史》卷 14《后妃列传》记：高欢死后，其子高澄（文襄）"从蠕蠕国法，蒸公主（高欢所娶蠕蠕公主），产一女焉"。子娶后母既然是柔然的国法，可见"收继婚制"在柔然社会上是普遍流行的。又《魏书·蠕蠕传》还记：豆仑死后，其从弟伏图"纳豆崙之妻侯吕邻氏，生丑奴、阿那瓌等六人"。这是柔然内部弟纳兄嫂婚俗的一个例证。不仅柔然、匈奴如此，就是以后的突厥等游牧民族都是如此。

---

① 参见山崎宏：《北朝、隋唐时代の柔然、突厥佛教》，《史潮》1942 年第 4 號。
② 参见《汉书》卷 96 下《西域传下》等。
③ 参见马长寿：《北狄与匈奴》，第 57 页等。

为什么这种带有原始群婚制残余的婚俗，在蒙古草原延续的时间这样久呢？这可能与蒙古草原游牧民族经济发展水平有关。对上层贵族来说，这种婚俗起到一个保持宗种，维持贵族血统纯洁的作用，也就是为了保持其经济上和政治上的地位。匈奴老上单于时，一个投降匈奴的汉人中行说对汉朝使者说："父子兄弟死，取其妻妻之，恶种姓之失也。故匈奴虽乱，必立宗种。"[1] 对一般的牧民来说，这种婚俗有着保持本氏族或家族生产力量（人力或牲畜）的经济意义，它对游牧为生的民族来讲，是十分重要的。

最后，简述一下柔然的风俗习惯。

柔然的风俗习惯大都与自匈奴以来蒙古草原所盛行的相似。中国史籍记载柔然的发式、服饰等情况，说柔然人"编发左衽"[2]，"辫发，衣锦，小袖袍，小口袴，深雍靴"[3]。按匈奴人的发式一般是"施发"[4]（即披发），但在匈奴墓葬中也出土了不少的辫发[5]。因此，有的学者认为匈奴妇女可能是辫发，而男子一般是披发，于下端总之以结。[6] 关于柔然的发式，前已叙及，一般说来是髡头和辫发并存，前者可能是男人，后者是妇女的发式。至于服饰，骑马的游牧民族大都是衣袖袍，左衽，穿裤，着靴。这种情况一直延续到 14 世纪的蒙古族，至今仍然如此。

同匈奴一样，柔然也有以东面为贵的习俗。上引《北史·后妃列传》说，阿那瓌长女嫁与西魏文帝时，因"蠕蠕俗以东为贵，后之来，营幕户席，一皆东向"。西魏派遣迎接的使臣元孚"奏请正南面，后（魏悼后）曰：'我未见魏主，故蠕蠕女也。魏仗向南，我自东面。'孚无以辞"。突厥人也以东面为贵，可汗"牙帐东开，盖敬日之所出也"[7]。蒙古草原游牧民族以东面为贵的习俗，大概如上述，是敬日之从东出吧。

杀仇敌之头，以作为酒器的风俗，在中亚和蒙古草原很早就流行。匈

---

① 《史记》卷 110《匈奴列传》。
② 《南齐书》卷 59《芮芮虏传》。
③ 《梁书》卷 54《西北诸戎传》。
④ 《淮南子·齐俗训》。
⑤ 鲁金科：《匈奴的文化和诺颜乌拉墓葬》，第 111 页。
⑥ 马长寿：《北狄与匈奴》，第 75 页。
⑦ 《北史》卷 99《突厥传》。

奴、柔然都是如此。《北史·高车传》说：柔然可汗丑奴擒高车王弥俄突，"系其两脚于弩马之上，顿曳杀之，漆其头为饮器……"。

此外，柔然同匈奴一样都是以游牧经济为主的民族，在生活习惯、食物种类、居住及迁徙等方面都大致相同，不赘述。

二、柔然的政治制度和社会形态

4 世纪末，当柔然作为拓跋鲜卑部落联盟的成员之一时，它已经开始不断征服和兼并邻近的氏族和部落。在这一系列的兼并、掠夺的战争中，柔然部落联盟的首领和酋长们积聚了大量的奴隶和财富，出现了世袭的贵族权力。恩格斯在其名著《家庭、私有制和国家的起源》中写道："掠夺战争加强了最高军事首长以及下级军事首长的权力，习惯地由同一家庭选出他们的后继者的办法，特别是从父权制确立以来，就逐渐转变为世袭制，人们最初是容忍，后来是要求，最后便僭取这种世袭制了，世袭王权和世袭贵族的基础奠定下来了。"[1] 柔然的贵族世袭制大约形成于 4 世纪末车鹿会时，其中王的世袭权力基本上摆脱了"兄终弟及"的较为原始的继承制，而是由父子相袭。从车鹿会以下均为子传，一直到柔然灭亡基本上都如此。[2]

在车鹿会至社仑这约五代的时期内，柔然的氏族、部落逐渐发生了变化。在不断的掠夺战争中，许多新的氏族、部落并入了柔然的部落联盟，原有的氏族和部落也因在强大的拓跋鲜卑的进攻下，逐渐瓦解或重新组合。《魏书·蠕蠕传》曾记：北魏登国六年（391）魏军大破柔然于南床山，"虏其半部"。以后，柔然西部缊纥提几乎全部被魏军所击溃，有的被迫迁入云中，"分配诸部"。登国九年（394）社仑并柔然东部，数百人逃回漠北，先后又征服漠北的敕勒、匈奴余部等。这样，柔然原氏族、部落所赖以维持的血缘关系遭到一定的破坏，产生了"按地区来划分它的国民"的必要性。这是"国

---

[1] 《马克思恩格斯选集》第 4 卷，人民出版社 1972 年版，第 160—161 页。
[2] 柔然可汗基本上为父子相继承，只有在特殊的情况下，才由原可汗之兄或叔继承。

家和旧的氏族组织不同的地方"①。但是，必须指出：尽管柔然原有的以血缘
关系为主的氏族遭到破坏，可是由于游牧经济本身，决定了游牧民必须结合
在一起，发展生产，防御外敌，只有这样才能够生存下去。所以，尽管旧的
以血缘关系维系的氏族遭到破坏，但新的氏族、部落又重新集结和发展起来。
这种新的仍然是由血缘关系组成的氏族部落的性质，实质上已不再完全是原
来意义上的氏族单位，而是同时建立在地域和经济关系上的军事行政单位。②

　　同时，在柔然内部，世袭的可汗和酋长、大人等贵族及一部分平民通
过掠夺战争获得了大量的财物和奴隶。而有的平民则日益穷困，逐渐依附于
贵族，甚至沦为奴隶。这样，就逐渐形成了统治阶级和被统治阶级。列宁指
出："历史告诉我们，国家这种强制人的特殊机构，只是在社会分为阶级，
即分为两种集团，其中一种集团能够经常占有另一种集团的劳动的时候和地
方，只是在人剥削人的地方才产生出来的。"③柔然社仑统一漠北后，立军法，
建立军队，学内地立法，初步具有早期奴隶制国家的特点。

　　下面让我们先看一看柔然早期奴隶制国家的政治制度。

　　《宋书·索虏传》说：柔然的"国政疏简"。据现有的资料来看，柔然的
最高统治者称"可汗"，他是整个柔然至高无上的君主，相当于匈奴的"单
于"。其下又设许多"大臣"，辅佐可汗管理内外事务。如《魏书·蠕蠕传》
就记柔然斛律之下有大臣树黎、勿地延等。按柔然的风俗，"君（可汗）及
大臣因其行能即为称号，若中国立谥，既死之后，不复追称"。柔然每一个
可汗都有自己的"号"，如社仑号"丘豆伐"，即驾驭开张之意。因社仑为柔
然政权开始之主，故按其行能即为此称号。以后每一个可汗大率如此。至于
大臣立号，可考的则有莫弗（莫何）、莫缘等。莫弗之意为勇健者④，或酋长
之意⑤。莫弗最初可能是原始部落中对勇健人的称呼，后来这些勇健者大都成
为酋长、首领。因此，莫弗一词遂变为对酋长的专称。柔然大臣或别部帅名
前，往往冠以莫弗或莫弗去汾之称号，可能此号既为官职名，也有名号勇健

---

① 《马克思恩格斯选集》第 4 卷，第 166 页。
② 参见林幹：《匈奴史》，第 15—17 页等。
③ 《列宁选集》第 4 卷，第 45 页。
④ 《通典》卷 197 "突厥"条云："其勇健者，呼英（莫）贺弗。"莫贺弗，即莫弗。
⑤ 《隋书》卷 84《室韦传》云："每部置莫何弗，以贰之。"

者之意在内。又《魏书》卷9《肃宗纪》云：神龟二年（519）十月，有"蠕蠕莫缘梁贺侯豆率男女七百人来降"。按《隋书》卷84《突厥传》记：突厥"启民（可汗）上表陈谢曰……大隋圣人莫缘可汗，怜养百姓"。则"莫缘"当为一种名号，或也为柔然之官号①，其意可能即"圣人"②。

关于柔然大臣，也有名号和等级，现试析如下：

1. 国相。《南齐书·芮芮虏传》记有柔然国相希利垔、邢基祇罗回。此职相当于内地政权中的丞相，主要掌管行政、外交，是文官之首。

2. 国师。前引宗爱为柔然"国师"。此职由僧人担任，可能主要掌管宗教事务。

3. 俟力发（俟匿伐）。《魏书·蠕蠕传》记：阿那瓌为可汗后十日，"其族兄俟力发示发率众数万以伐阿那瓌……"后，阿那瓌"从父兄俟力发婆罗门率数万人人讨示发……"。同书还记有："蠕蠕后主俟匿伐来奔怀朔镇，阿那瓌兄也"。显然，俟力发、俟匿伐乃柔然官号，也有以此为姓者，上述柔然后主俟匿伐即是。③此职位极崇，掌一方之军权，以上三例皆阿那瓌兄任之。又此官名也为以后突厥所继承。《通典》卷197"突厥"条等均记：突厥可汗之号，"犹古之单于也，号其妻为可贺敦，亦犹古之阏氏也。其子弟谓之特勒（应为'勤'），别部领兵者谓之设，其大官屈律啜，次阿波，次颉利发（即俟利发），（次）吐屯，次俟斤"，"其后，大官有叶护，次设，（次）特勒（勤），次俟利发，次吐屯发。余小官凡二十八等，皆代袭焉"。其中颉利发、俟利发，即柔然之俟力发。按蒙古国鄂尔浑河畔出土之突厥文阙特勤碑上，俟利发音为elttibir④，又吐鲁番发现之《高昌宁朔将军麹斌造寺碑》后有高昌官号，内就有"希利发"之名号。此碑立于北周建德四年（575），盖

---

① 此说见中国科学院历史研究所史料编纂组编：《柔然资料辑录》，第202页。按莫缘也有为姓氏者。如《北史·蠕蠕传》记有阿那瓌"遣其俟利、何莫缘、游大力等朝贡"。此莫缘即为人名。因同书后记游大力仅为"俟利、莫何"，故知此莫缘当为姓氏。

② 《隋书》卷84《突厥传》记突厥启民可汗上表说"大隋圣人莫缘可汗"，下又说"圣人可汗"、"圣人先帝莫缘可汗"、"圣人先帝"等。据此，疑莫缘即圣人之意。中国古代文献译写少数民族词意，往往将意译和音译连在一起书写。

③ 又《魏书》卷113《官氏志》记："俟力伐氏，后改为鲍氏。"北魏俟力伐氏，当为柔然俟力发投魏者，以官号为姓。参见姚薇元：《北朝胡姓考》，第94—95页。

④ 转见岑仲勉：《突厥集史》下册，第885、902—904页等。

突厥统治高昌时所刻。①

4. 吐豆发。《北史·蠕蠕传》记：东魏武定三年（546）"阿那瓌遣其吐豆发郁久闾汗拔姻姬等送女于晋阳"。又《北齐书》卷4《文宣帝纪》亦有柔然"吐头发郁久闾状延"的记载；《魏书》卷58《杨播传》记有阿那瓌从祖吐豆发。吐豆发、吐头发，应即上引《通典》文中仅次于俟利发之吐屯发。以上三例均为柔然王族郁久闾氏，可见此职位也较崇。又《高昌宁朔将军麴斌造寺碑》下面又有"波多旱谕屯发高昌令麴乾固"的题名。据伯希和考订，"谕屯发"即"吐屯（tudun）发"的异译。②

5. 俟利。柔然又有官号俟利，如《北史·蠕蠕传》记有：俟利阿夷普掘、捕提弃之伏，阿那瓌从弟登注俟利。③《北齐书·文宣帝纪》又记有：俟利蔼焉力娄阿帝，俟利郁久闾李家提，等等。正如前人所指出的，上述俟利发、吐屯发，是俟利、吐屯加词尾"发"（put）组成。后者职次于加词尾"发"字者，何意已不可考。④又《姓氏书辨证》22云："其官者俟利，犹中国方伯也。"

6. 吐豆登。《北史·蠕蠕传》记：东魏兴和四年（542），阿那瓌遣吐豆登郁久闾譬掘等送女于晋阳。又记有吐豆登郁久闾譬浑、吐豆登郁久闾匿伏等。按上引之"吐豆登"或为"吐豆发"之讹，"登"、"發（发）"形近，致误的可能是存在的。但如果柔然确有此官号，则显然即为上引之"吐屯"，此职在俟利发、吐豆发和俟利之下。上举之例，皆为柔然王族郁久闾氏，说明此职也较崇。又《太平广记》卷250谓：突厥之吐屯即相当于汉族政权中的御史一职。

7. 俟斤。《魏书·蠕蠕传》记：柔然曾遣俟斤尉比建朝贡。按《资治通鉴》卷148"梁武帝天监十六年十二月"条，上"俟斤"写作"俟斤"。下胡注云："俟斤，柔然大臣之号。俟，渠希翻。"如此，则上引《魏书》"俟斤"

---

① 王树枏：《新疆图志》89；黄文弼：《高昌砖集》，第16页等。
② 伯希和撰，冯承钧译：《中亚史地译丛》，《西域南海史地考证译丛》五编，中华书局1956年版，第134页注20。
③ 按《北齐书》卷4《文宣帝纪》云："瓌从弟登注俟利发、注子库提并拥众来奔。"《北史》卷98《蠕蠕传》记"发"为"登"，如此，则应断为"登注俟利、登注子库提……"。今从《北史》。
④ 伯希和：《中亚史地译丛》；又见白鸟库吉：《东胡民族考》下编，中译本，第45页。

应为"俟斤"之误。又《魏书·蠕蠕传》还记有"俟斤十代"等。据《魏书·官氏志》记："奇斤氏，后改为奇氏。"俟斤即奇斤，俟、奇同音。[①] 奇斤氏即高车六姓中的"异奇斤氏"。俟斤为官号，后转为姓。[②] 疑柔然此官号系来自敕勒，后又为突厥所承袭，其位在吐屯之下。

8. 莫弗（莫何）、莫何去汾。上已言之，莫弗为勇健者之意，后转为酋长之称。在柔然那里，此号为官名，有"别部"帅的意思。[③] 莫何去汾，也应为莫何后加词尾"去汾"，其意不明。《魏书》、《北史》的《蠕蠕传》记柔然"莫何去汾"官号者甚多。如：莫何去汾比拔、李具列，莫何去（汾）折豆浑十升，等等。按"莫弗"一名，早在蒙古草原其他游牧民族中流行，如东胡乌桓，在慕容后燕时，"有乌桓渠帅莫贺咄科勃"[④]。其余如敕勒、室韦、乌洛侯、契丹等部，均有此名。[⑤]

以上为目前可考的柔然大臣官号及等级。除国相、国师主要是掌行政、宗教事务外，其余官职皆主典军事兼民政。柔然同匈奴一样，是一个游牧的军事政权，从可汗、大臣一直到基层都是按军事编制。每个牧民平时放牧牲畜，战时人人皆拿起武器，成为战士。柔然的官制是与此相适应的。

柔然自木骨闾后，传至六代地粟袁时，其管辖的地区就分为东西两部。"长子匹候跋继父居东边，次子缊纥提别居西边。"[⑥] 社仑统一漠北后，这种东西分治的措施，可能一直保存了下来。《魏书·蠕蠕传》说：大檀未立为可汗前，"先统别部、镇于西界"，即镇守西部。又说：神䴥二年（429），北魏军队攻入漠北，有大檀弟匹黎，"先典东落，将赴大檀……"。可见，柔然将其统治的漠北草原分为东西两部，由可汗及其兄弟分掌之。我们知道，匈奴在分裂为南北两部之前，也把自己统治的地区分为两部：左部和右部，以左、右贤王分统之。柔然灭后，统治蒙古草原的突厥，同样分为东西两部，

---

① 陈毅：《魏书官氏志疏证》，《二十五史补编》第四册，开明书店 1937 年版。
② 参见姚薇元：《北朝胡姓考》，第 144—146 页。
③ 如《魏书》卷 103《蠕蠕传》记：有柔然"莫弗乌朱驾颓率众数千落来降"。同书卷 5《高宗纪》则记为"其别部乌朱贺颓……率众来降"。
④ 《通典》卷 100 "乌桓"条。内云莫贺咄，即莫弗之异译。
⑤ 《魏书》卷 100《失韦传》、《契丹传》、《乌洛侯传》；同书卷 103《高车传》等。
⑥ 《魏书》卷 103《蠕蠕传》。

设官驻兵。其中原因，可能是"由于蒙古草原的地势辽阔，族部复杂，故统治阶级常分为东西二部，设官驻兵，以统治之"①。

在柔然东西二部之下又各分为许多部，每部置大人管理。据《魏书·蠕蠕传》记，高车有叱洛侯，因导社仑破高车诸部，"社崙德之，以为大人"。同书又记：神麚二年（429），魏军攻入漠北，匹黎率东部与大檀会合，遇魏长孙翰军，"翰纵骑击之，杀其大人数百"。同书《长孙肥附翰传》记作："斩其渠帅数百人。"即是说，"大人"又可译为"渠帅"，且魏军一次攻杀柔然东部大人数百，可见柔然确系"种众殷盛"。

在各部大人所统的部众之下，还设置了统千人之军将和统百人之幢帅。军、幢的组织既是柔然的军事基层单位，也是行政基层单位。同时，也完全与它新的以地域和经济关系为基础建立起来的氏族、部落一致。这是因为柔然同匈奴一样，是一个军事游牧的奴隶制国家，其各级长官一般均为军事首领兼行政官吏，而所有成年壮丁均编为骑兵。在行军时，每个骑兵都携带着自己的牲畜、财物和妻孥。②这种情况一直到成吉思汗时的蒙古人都是如此。总之，匈奴、柔然等处于游牧经济阶段的草原民族在政治制度方面仍保持着军事民主的特点。军事与行政事务的统一，乃是早期游牧奴隶制国家的一个重要特征。

柔然军、幢基层战斗单位，是在社仑征服漠北高车各部之后建立的。这种建置是柔然从北魏那里学来的。《资治通鉴》卷112"晋安帝元兴元年正月"条，胡注云："军将、幢帅，皆魏制，社崙效而立之。"③此说极是。考《魏书·官氏志》记：北魏拓跋珪在登国元年（386）始置都统长，"又置幢将及外朝大人官。……幢将员六人，主三郎卫士直宿禁中者"。以后，幢将可能又有内外之别，内（都）幢将可能宿卫禁中；外幢将为一般军队编制。《魏书》卷30《豆代田传》说：豆代田曾"领内都幢将"。又《宋书·索虏传》记："（汝南）城内有虏（魏）一幢，马步可五百……"此为外都幢将，

---

① 马长寿：《突厥人和突厥汗国》，第23页。
② 《魏书》卷54《高闾传》云：高闾曾上表说：柔然"战则与家产并至，奔则与畜牧俱逃……"。
③ 又《资治通鉴》卷121"宋文帝元嘉七年"条，胡注又云："百人为幢，幢有帅，柔然之法也。"似又将军、幢建置，说成创自柔然，与上注矛盾。应以上注为确。

且其一幢有马步五百，与柔然一幢百人不同。北魏军将之制始于何时，已不可考，但确有此制。如《魏书》卷42《尧暄传》记："暄聪了，美容貌，为千人军将、东宫吏。"同书卷30《周观传》也记：观"以功进为军将长史，寻转军将"。此军将也统千人，与柔然同。

"幢"的军事建制还见于内地北凉政权。近年来从新疆吐鲁番哈喇和卓古墓群发掘出土的"北凉义和三年（433）兵曹条知治幢墼文书"、"兵曹行罚幢、校文书"等，可知北凉也有幢的建置。[①]

最能反映柔然政治制度中军事民主特点的是：当可汗的继承发生问题时，柔然的部众可以有权罢免和选择可汗。《魏书·蠕蠕传》记：社仑死后，"其子度拔年少，未能御众，部落立社崘弟斛律……"。又记：神䴥二年（429），豆仑数为高车阿伏至罗所败，豆仑叔那盖累有胜捷，"国人咸以那盖为天所助，欲推那盖为主。那盖不从，众彊（强）之"。后"众乃杀豆崘母子，以尸示那盖，那盖乃袭位"。恩格斯在论述希腊人的部落与部族的管理组织时，指出有"常设的权力机关为议事会，这种议事会最初大概是由各氏族的首长组成的，后来，由于其人数增加得太多，便由其中选出的一部分人组成，这就造成了发展和加强贵族分子的机会"。除议事会外，还有"人民大会"，"当议事会开会时，人民 —— 男男女女都站在周围，按照规定的程序参加讨论，这样来影响它的决定"。[②] 这种议事会或人民大会与中国殷周时的"国人大会"、匈奴的各部大人联席会议，以及13世纪蒙古的所谓"耶克·库鲁尔台大会"（Yükaqroultai）相似。史书未明言柔然也存在着这种议事会或人民大会，但上引资料说明，柔然的"部落"、"国人"、"众"能够罢免或选举可汗，想必在他们当中，也存在着这种具有军事民主特点的管理组织。如《魏书·蠕蠕传》云："其常所会庭则敦煌、张掖之北。"此"常所会庭"，当指柔然各部首领经常于此处召开会议，共同商讨国家大事。

《魏书·蠕蠕传》还曾引北魏崔浩语，说："今社崘学中国，立法置战陈，卒成边害。"除上述军、幢的军事建置外，中国史籍未详细记载柔然学

---

① 新疆博物馆考古队：《吐鲁番哈喇和卓古墓群发掘简报》，《文物》1978年第6期；唐长孺：《从吐鲁番出土文书中所见的高昌郡县行政制度》，《文物》1978年第6期。

② 《马克思恩格斯选集》第4卷，第101页。

习内地什么"立法"。《魏书·蠕蠕传》仅记载了社仑所立之军法："先登者赐以虏获，退懦者以石击首杀之，或临时捶挞。"柔然最初所立的这一如此简约的军法，反映了以掠夺战争为人民生活正常的职能的军事民主制的特点。这一军法与匈奴人的法规："其攻战，斩首虏赐一卮酒，而所得卤获因以予之，得人以为奴婢。"[①]性质大致相同。至于柔然内部其他法律，或不见于记载，或根本再没有其他立法，具体情况已不可得知。

柔然的政治制度深受中原内地政权的影响，除上述军、幢的军事建置外，还有两事值得一提：

一是柔然政权采用了内地政权关于"年号"的制度。《魏书·蠕蠕传》一共记载了柔然五个年号。

1. 永康。柔然可汗予成所立，永康元年为466年，一共20年。除上述吐鲁番出土的永康五年《莲华经》残卷可证外，近来在吐鲁番哈喇和卓古墓出土了一件署为"永康十七年"的残文书[②]。永康十七年即公元482年。按此时，正是阚氏占据高昌时期，阚氏为柔然所立之高昌王，臣属于柔然，故文书上用永康年号。

2. 太平。予成死后，其子豆仑立，称太平元年，即485年，至492年，共8年。

3. 太安。豆仑被杀死，其叔那盖立，称太安元年，即492年，至506年，共15年。

4. 始平。那盖死，其子伏图立，称始平元年，即506年，至508年，共3年。

5. 建昌。伏图被高车国所杀，子丑奴立，称建昌元年，即508年，至520年，共13年。

以后，柔然发生内乱，年号不复见于记载。

另一事是6世纪30年代，阿那瓌复兴后，重用齐人淳于覃，封为秘书监黄门郎，掌其文墨。因阿那瓌曾在北魏洛阳住过，心慕北魏政治制度，因

---

① 《史记》卷110《匈奴列传》。

② 新疆博物馆考古队：《吐鲁番哈喇和卓古墓群发掘简报》，《文物》1978年第6期。

而，"立官号，僭拟王者，遂有侍中、黄门之属"①。这种仿照中原政权官制的做法，说明柔然在后期更加受到中原传统文化的影响。

在叙述了柔然的政治制度、社会经济和意识形态之后，再来探讨柔然的社会形态，就比较容易理解了。但是，要深入地研究柔然的社会形态，目前资料还十分贫乏。我们只能对照柔然兴起前的匈奴及其后兴起的突厥的社会制度，加以简述。

从上述柔然政治制度的简约分析中，可以看到，以游牧经济为主的柔然社会已经建立了一整套具有军事民主特点的国家机器。这种国家机器是其内部阶级矛盾的产物。那么，柔然社会内的生产关系及阶级结构是怎样的呢？作为游牧民的生产资料主要是牧场和牲畜（也是牧民的生活资料）。马克思曾指出："在游牧的放牧部落中……他们利用土地作为牧场等等，土地上面养着畜群，而放牧的人民则以畜群为生，他们对待土地，就像对待自己的财产一样，虽然他们从未把这种财产确定下来。"②柔然政权经常对邻近部落和国家进行掠夺和征服，其中也有扩大和抢占牧场的目的在内。但是，牧场并没有作为个人私有的财产"确定下来"，而是以新的氏族、部落所有制的形态出现。至于作为生产资料和生活资料的牲畜，那就不同了。牲畜事实上成了衡量游牧社会生产资料所有情况的主要标准。在柔然社会里，从柔然可汗、国相、国师、各级大臣，以至各部大人、军将、幢帅，都是大大小小的奴隶主。他们拥有大量的牲畜、财物和奴隶。《魏书·蠕蠕传》曾记：柔然可汗丑奴一次就赐给医巫地万之夫屋引副升牟"牛马羊三千头"。上述柔然国师宗爱，被"俸以三千户"。此三千户是否就是奴隶，还不能肯定。但是，柔然社会里存在着大量的奴隶是可知的。

以可汗为首的大小奴隶主之下，是一般的牧民，即"平民"。他们平时也参加生产劳动，战时则是骑兵。在不断的掠夺战争中，平民们先登者则得到"虏获"。虏获的东西不仅包括牲畜、财物，也包括俘虏的人口在内。这些俘虏的人口，自然成为他们的奴隶。

---

① 《北史》卷98《蠕蠕传》。
② 马克思：《资本主义生产以前各形态》，人民出版社1956年版，第26—27页。

此外，柔然早在统一漠北草原前后，就先后征服了漠北的敕勒、匈奴拔也稽部、贺术也骨部及譬历辰部等。史书未明言柔然对这些被征服部落人民如何处置，只言"并"其部，或"破"其部。按匈奴人的惯例，对被征服的部落，将其中一部分人强迫迁到漠北中心，为其服役，成为奴隶。[①]柔然的情况也应如此。如柔然征服高车各部后，以有功的叱洛侯为大人，统治一部，而其余的敕勒人则作为战俘为柔然奴隶主所奴役。所谓"并"其部，可能即是把被征服部落的人民沦为奴隶，而其中上层则加入柔然统治阶级的行列。用这种方式获得奴隶，乃是自匈奴以来蒙古草原各族发展到父系家长制以后，已经存在的事实。

柔然不断对北魏边境进行掠夺战争，掳掠了大量的人口、牲畜和财物。这些俘虏的人口一般也成为柔然的奴隶。据史书记载：柔然进攻北魏边境，主要目的是"杀掠边人"[②]，"杀掠吏民"[③]，或"剽掠居民，驱拥畜牧"[④]。仅北魏正光四年（523），阿那瓌从怀朔镇北，一次就"驱掠良口二千，公私驿马牛羊数十万北遁"[⑤]。自匈奴以来蒙古草原的政权都是将掳掠的人口、牲畜和财物按功劳的大小分配给大小奴隶主和平民，俘虏则作为他们的私有生产奴隶。因此，存在于匈奴与突厥之间的柔然，也不会例外。

柔然同匈奴一样，还盛行着部落奴隶制。[⑥]前已言之，柔然在征服邻近的部落后，除迁一部分人入漠北，分配为奴隶外，其余留下的部落则为柔然所役属。柔然统治者往往任命原部落的上层贵族为管理该部的官吏，定期索取贡赋，无条件地征发这些部落的部众参加掠夺战争。这种被役属的部落大致可分为两类：一类是直接为柔然统治者所役属的，如突厥部，就是专门为柔然制造铁器的"锻奴"。又如高车副伏罗部原也是柔然所"役属"的部落。这些部落主要是定期向柔然统治者缴纳贡赋和无条件参加柔然统治者发动的

① 如匈奴对东胡部落、西嗕部、丁零等均如此。见《史记·匈奴列传》、《汉书·匈奴传上》等。
② 《魏书》卷 103《蠕蠕传》。
③ 《魏书》卷 4 上《世祖纪上》。
④ 《周书》卷 25《李贤传》。
⑤ 《魏书》卷 103《蠕蠕传》。
⑥ 关于草原部落奴隶制的论述，参见马长寿：《论匈奴部落国家的奴隶制》，《历史研究》1954 年第 5 期。

掠夺战争等。另一类是离柔然王庭较远的部落或小国，因"苦其寇抄，羁縻附之"①，如在今新疆东部的伊吾、高昌等国即是。柔然则封这些小国的统治者为"伊吾王"或"高昌王"等。这些羁縻于柔然的小国可能定期向柔然纳贡赋，并奉行柔然可汗的年号，等等。

至于柔然奴隶主阶级如何奴役和压迫上述部落奴隶的，我们手中没有资料可以说明。不过，从匈奴奴隶主政权对其奴役的部落奴隶压迫和剥削的情况，可间接推知。如匈奴对乌桓部落奴隶，则是让他们"岁输牛马羊皮，过时不具，辄没其妻子（意为由部落奴隶变为家族奴隶）"②。匈奴对西域各小国，曾设置"僮仆都尉"、"赋税诸国"③，有时还"遣责诸国，备其逋租，高其价值，严以期会"④。柔然奴隶主政权对其部落奴隶的压迫和剥削也绝不会比匈奴好一些，这是自不待言的。

柔然奴隶主阶级对奴隶和部落奴隶的残酷压迫和剥削，必然引起奴隶主阶级与奴隶阶级的矛盾日趋尖锐。中国史籍多次记载了柔然奴隶起义的史实。如神麚二年（429），正当魏军攻入漠北，柔然统治者仓皇逃遁时，被柔然役属的高车诸部乘机爆发起义，他们"杀大檀种类"，然后降北魏，众达三十余万（其中也包括一部分柔然）。又如为柔然奴役的高车副伏罗部十万余众，因不愿为柔然统治者卖命，参加掠夺北魏边境的战争，从柔然中分离出来，西迁到今新疆北部。最后，柔然奴隶主政权就是被为其奴役的锻奴——突厥部所灭亡的。

总上所述，从柔然社会经济发展的水平，带有军事民主特点的政治制度，以及柔然统治阶级对大量存在的奴隶、奴隶部落的压迫、剥削等特点，我们可以初步认为：柔然已经发展到了早期奴隶制的阶段。他在蒙古草原游牧民族的社会发展历史中，上承匈奴社会的奴隶制，下为突厥社会由奴隶制向游牧的封建制发展，准备了条件。

---

① 《魏书》卷 103《高车传》。
② 《后汉书》卷 90《乌桓传》。
③ 《汉书》卷 96 上《西域传上》。
④ 《后汉书》卷 47《班超传》等。

第四章 北朝统治下的柔然

北朝统治下的柔然，数量也不少，其来源同敕勒一样，主要是北朝统治者与柔然战争中俘获来的，其次是柔然内部一部分人投归北朝的。

5世纪前，柔然本来属于拓跋魏。北魏登国六年（391）左右，当柔然企图摆脱魏的控制，向漠北迁徙时，就被拓跋珪"虏其半部"。后拓跋珪又迁柔然西部缊纥提父子等于云中。登国九年（394），社仑等从云中逃回漠北仅数百人。在这一时期，当有一部分柔然留在塞北，受北魏统治。

社仑在漠北建立政权后，北魏与柔然不断发生战争。北魏军队多次深入漠北，俘获了大批柔然人口和牲畜。其中尤以神䴥二年（429）一次俘虏的人口最多。至北魏太延五年（439），北魏派军征服北凉沮渠牧犍时，柔然乘机犯塞，进至七介山，威胁北魏京师平城。后为守军所破，柔然可汗吴提兄乞列归、伯父他吾无鹿胡及将帅五百人被擒获。

到北魏太武帝拓跋焘时，双方的战争更为频繁，柔然被北魏俘虏的人口也就更多了。仅太平真君四年（443）和十年（449），北魏两次深入漠北，一次虏获了柔然二万余人，一次"尽收其人户畜产百余万"①。《魏书》卷105《天象志三》对太平真君十年北魏虏的柔然人口，是这样记载的：

> 时间岁讨蠕蠕。是秋九月，上复自将征之，所捕虏凡百余万矣。

这段记载较为含混：可以理解为，太平真君十年以前，间岁讨柔然及十

---

① 《魏书》卷103《蠕蠕传》。

年共捕虏"百余万"；也可以理解为，十年这一次"捕虏凡百余万"。显然，
《天象志》所说的"百余万"与上引《蠕蠕传》所记"尽收其人户畜产百余
万"，乃是一回事。如果说，《魏书·蠕蠕传》是后人据《北史》补辑而成，
而《天象志》所记正确，似也不够恰当。因为百余万人口的数字太大，如果
连牲畜一起共百余万，较为可信。但不论怎样，十年一次被虏获的柔然人口
一定很多，至少在十数万以上。

到北魏皇兴四年（470），北魏军队追击柔然，曾"斩首五万级，降者万
余人，戎马器械不可称计"①。以后，在历次双方战争中，柔然被北魏虏获的
人口也很多。②

北魏亡后，柔然阿那瓌复兴。不久，柔然被突厥击破，阿那瓌自杀，柔
然处于分裂散乱的阶段。在这一时期，分散的柔然部落被北朝统治者虏获的
人也很多。如北齐天保三年（552）左右，西魏史宁曾获阿那瓌子孙二人并
其种落酋长，"前后获数万人"③。天保五年（554），齐文宣帝高洋曾"获庵罗
辰妻子及生口三万余人"④。同年，西魏窦炽也击败柔然，"获生口数千及杂畜
数万头"⑤。次年，北齐文宣帝高洋追柔然余部于沃野镇，"获其俟利薆焉力娄
阿帝、吐头发郁久闾状延等，并口二万余，牛羊数十万头"⑥。

除了北朝统治者俘获的柔然人口而外，主动降附北朝统治者的柔然，为
数也不少。兹据文献所及，引录如下：

394 年，东部柔然匹候跋子启拔、吴颉等十五人降魏。⑦
404 年，柔然社仑从弟悦伐大那（闾大肥）及其弟等投归北魏。⑧

---

① 《魏书》卷 103《蠕蠕传》。
② 如太和十一年魏陆俟曾擒柔然别帅赤河突等数百人（《魏书》卷 40《陆俟传》）；太和十六年
  （492），宇文福曾破柔然别部，获万余（《魏书》卷 44《宇文福传》）。
③ 《周书》卷 28《史宁传》。
④ 《北齐书》卷 4《文宣帝纪》。
⑤ 《周书》卷 30《窦炽传》。
⑥ 《北齐书》卷 4《文宣帝纪》。
⑦ 《魏书》卷 103《蠕蠕传》。
⑧ 同上。

414 年，柔然可汗斛律宗人悦侯、咄觚干等数百人降魏。①

458 年，柔然莫弗乌朱贺颓等率众数千落降魏。②

481 年，柔然别帅他稽率众内附魏。③

489 年，柔然别帅叱吕勤率众降魏。④

519 年，柔然莫缘梁贺侯豆率男女七百人降魏。⑤

520 年，柔然可汗阿那瓌及其弟降魏，后又返回漠北。

521 年，柔然婆罗门率十部落在凉州降魏，后又返漠北。

523 年，柔然后主俟匿伐降魏，朝于洛阳。

537 年左右，西魏贺若谊诱居于河表的柔然万余口降。⑥

552 年，柔然为突厥所破，阿那瓌子庵罗辰等降北齐，后又逃回漠北。

555 年，柔然余部俟利郁久间李家提率部人数百降于北齐。⑦

同年，柔然邓叔子等三千余人降于北周，后大部被惨杀于长安。

　　还有因北朝与柔然统治者之间通婚，而迁入内地居住的柔然人。如北魏延和三年（434），北魏拓跋焘曾纳柔然可汗吴提妹为夫人，又进为左昭仪。吴提遣其兄秃鹿傀等数百人同来。秃鹿傀后来可能返回，但吴提妹的随从、奴婢留在内地的亦不少。又西魏文帝于西魏大统四年（538）娶阿那瓌长女为后，史称"魏悼后"。其来时"车七百乘，马万匹，驼千头"，随从人员一定很多。东魏武定三年（545），东魏高欢迎娶阿那瓌女，号"蠕蠕公主"。阿那瓌遣其弟秃突佳送女且报聘，并要求他要等到公主生子后，才能返漠北。⑧ 高欢第九子长广公湛也娶了阿那瓌孙女"邻和公主"。⑨

　　总之，从上述不完全的资料来看，至少有数十万的柔然人处于北朝的统

---

① 《魏书》卷 103《蠕蠕传》。

② 同上。

③ 《魏书》卷 7 上《高祖纪上》。

④ 《魏书》卷 7 下《高祖纪下》。

⑤ 《魏书》卷 9《肃宗纪》。

⑥ 《隋书》卷 39《贺若谊传》。

⑦ 《北齐书》卷 4《文宣帝纪》。

⑧ 《北史》卷 13《后妃列传》。

⑨ 《北史》卷 98《蠕蠕传》。

治之下，其数量可能与敕勒不相上下。但是，史书关于他们情况的记载，却寥若晨星。此中原因，可能与北朝统治下柔然的数量事实上比敕勒要少得多有关，因而关于他们活动的记载自然很少见于史籍。

为什么北朝统治下的柔然事实上要比敕勒少得多呢？主要原因是由于被北朝俘获或降附北朝的柔然，同敕勒一样，大都被安置在漠南及北边诸镇，这里紧靠柔然，只要柔然一旦攻击魏边或有其他风吹草动时，这些柔然部众就大批返回漠北。其次，当柔然可汗率部降北朝后，统治者往往又将他们安置在北边，并且将过去一些被俘虏的柔然人口交给他们。① 结果被安置的柔然往往又返回漠北。前述的阿那瓌、婆罗门、庵罗辰等均是如此。

《魏书》卷58《杨播传附弟椿传》有一条记载：

> 初，显祖世有蠕蠕万余户降附，居于高平、薄骨律二镇，太和之末，叛走略尽，唯有一千余家。太中大夫王通、高平镇将郎育等，求徙置淮北，防其叛走。诏许之，虑不从命，乃使椿持节往徙焉。椿以为徙之无益，上书曰："臣以古人有言：裔不谋夏，夷不乱华。荒忽之人，羁縻而已。……今新附者众，若旧者见徙，新者必不安。不安必思土，思土则走叛。狐死首丘，其害方甚。又此族类，衣毛食肉，乐冬便寒。南土湿热，往必将尽……愚心所见，谓为不可。"时八座议不从，遂徙于济州（治今山东东阿西北黄河南岸）缘河居之。冀州元愉之难，果悉浮河赴贼，所在钞掠，如椿所策。

文中所说的"显祖世"，当为上述北魏皇兴四年（470）北魏击柔然降万余人一事。因为在显祖时，再未见有柔然万余人降魏。但两者记载有出入，一记为"万余人"，一记为"万余户"，不知孰是。这万余户（人）柔然被安置于高平、薄骨律镇，以此可推测，北魏对俘获或归附的柔然，一般是安置在北边诸镇。可是过了二十多年，万余户（人）仅剩下一千余家，其余的均

---

① 《魏书》卷103《蠕蠕传》引高阳王雍等奏置阿那瓌等时说：对阿、婆两部，"各令总率部落，收离聚散"，"诸于北来，在婆罗门前投化者，令州镇上佐准程给粮，送诣怀朔阿那瓌"；"在京馆者任其去留"。

陆续逃回漠北。从这一个典型的例子，可以证明上述的推测不谬。

至于北朝统治者对迁于北部边镇的柔然压迫和剥削情况，大致应与敕勒相同。柔然则往往以逃回漠北的方式，反抗北魏的压迫。统治者则用把他们迁入内地的办法，来防止他们的逃亡。上述高平、薄骨律镇一千余家就是因此而被迫迁到济州，沿黄河而居的。

柔然人也掀起过反抗北魏统治者的斗争。上述迁于济州的柔然人，曾在北魏永平二年（509）乘魏冀州刺史、京兆王元愉起兵反魏的时机①起事，渡过黄河，攻取郡县。到北魏末年六镇起义后，余留在北边的柔然也曾起兵响应，进攻马邑。②

北朝统治者对归附于他们的柔然上层贵族，同样倍加优待，封官晋爵，使之成为统治阶层的一部分。这种情况，正如崔浩所说："蠕蠕子弟来降，贵者尚公主，贱者将军、大夫，居满朝列。"③

事实也的确如此。如北魏天赐元年（404）投归北魏的社仑从弟悦伐大那④，北魏统治者不仅赠他"其思子"爵位，待为上宾，入八议，而且尚公主。以后，大那从讨柔然、高车、刘宋、赫连昌，屡建战功，不断晋爵，拓跋焘甚至准备加封为王，因大那病卒，于是追赠中山王（《赫连子悦妻闾炫墓志》云"老生王"）。大那弟骥、凤先后袭爵，并分别任仇池镇将或内都大官，以及镇南将军、肆州刺史。⑤大那子菩萨任魏冀州刺史、晋阳公；菩萨子阿各头为平原将军、安富侯；阿各头女嫁与北齐御史中丞赫连子悦。⑥柔然可汗吴提见乞列归降魏后，被封为朔方王。⑦

柔然可汗大檀的亲属闾毗（即郁久闾毗），于神䴥二年（429）左右降魏，太和十九年后改姓闾氏。毗妹为北魏景穆皇帝拓跋晃皇后，文成帝拓

① 《魏书》卷22《京兆王愉传》。
② 《北齐书》卷20《叱列平传》。内云之"孝昌末"，疑是"正光末"之误（见中国科学院历史研究所史料编纂组编：《柔然资料辑录》，第223页）。
③ 《魏书》卷35《崔浩传》。
④ 悦伐大那即闾大肥，《魏书》有传。据《北朝胡姓考》考证，大那原名悦伐大那，《魏书·蠕蠕传》讹为悦代、大那两人。大肥系大那之误。
⑤ 《魏书》卷30《闾大肥传》。
⑥ 见《赫连子悦妻闾炫墓志》，《汉魏南北朝墓志集释》图版三四五之二。
⑦ 《魏书》卷4下《世祖纪下》。

跋濬的生母。闾毗既为国舅，满门显赫。据《北史》卷 80《外戚列传》记："文成太安二年（456），以毗为平北将军，赐爵河东公；弟纥为宁北将军，赐爵零陵公。其年，并加侍中，进爵为王。毗，征东将军、评尚书事；纥，征西将军、中都大官。自余子弟赐爵为王者二人，公五人，侯六人，子三人，同时受拜，所以隆崇舅氏。"毗妻即河东王妃。内云毗子弟"赐爵为王者二人"，考《魏书·高宗纪》有北魏正平二年（452）"濮阳公闾若文进爵为王"；次年，"安丰公闾虎皮进爵为河间王"的记载，此两人当即毗之同族进爵为王者。

又河南安阳出土的《闾伯昇暨妻元仲英墓志》说：伯昇高祖系茹茹主之第二子，"率部归化，锡爵高昌王，仕至司徒公。曾祖袭王爵司徒公，赠司徒"。祖齐州□□，父仪同，伯昇本人官至散骑常侍，本州大中正，死于魏兴和二年（540）。其妻元仲英系乐安郡公主，太尉咸阳王元禧女。[1] 墓志所记之伯昇优宠。其他如婆罗门、俟匿伐、庵罗辰等均是如此。

此外，任北魏一般官吏的，见于《孝文吊比干碑文》的有"给事中臣河南郡郁久闾麟"、"散骑侍郎臣河南郡郁久闾敏"等。

为什么北朝统治者对投归他们的柔然上层如此优待呢？主要原因是因为柔然一直是北朝北面一个强盛的政权，经常威胁到北朝边境的安全。统治者对投归他们的柔然上层极力拉拢，以便削弱、分化柔然政权本身。其次，对北魏统治者来说，他们认为柔然是与他们同源的民族，较为高贵，故愿意与他们王族通婚。这就是柔然人的地位较高于敕勒的原因之一。

最后，简述一下北朝统治下柔然的下落问题。

前已言之，北朝统治下的柔然虽然数量很多，但其中有很大一部分陆续逃回漠北。柔然政权亡后，这部分柔然中有一小部分逃向内地，而绝大部分则融合到漠北的突厥或契丹部落之中。而留在内地的柔然则通过不同的途径（如先融合于鲜卑族），最终融合到中原的汉族之中。如上述柔然与北魏统治阶级的通婚，无疑是使柔然迅速汉化的重要因素之一。因为北魏统治阶级原来也是鲜卑族，但他们汉化的进程自入主中原后就加快了。到了北魏后期，

---

① 见《汉魏南北朝墓志集释》图版五九一。

元魏统治阶级已基本汉化。到了隋唐时期，居住在内地的柔然也基本汉化。我们从当时的一些姓氏，如闾氏、郁久闾氏、茹茹氏、茹氏等，还可以发现他们的祖先确系柔然人，尽管他们的籍贯大都写成河南洛阳、山西雁门、代郡等。

《隋书》卷 45《庶人谅传》有隋"大将军茹茹天保"。又《文苑英华》卷 90《忠武将军茹公神道碑》记茹义忠的先世说："在昔帝轩之裔，有控带绝，拥据群雄，殆于斯万年，得茹茹之部。谓名王盛族，大人鸿胄，联华魏室，接庆齐廷。……自拓跋、宇文氏降为著姓焉，则公之先也。"又说："公讳义忠，本家雁门，今为雁门人矣。"可见，茹义忠原本柔然上层，与北魏联姻，一直传到隋代。义忠妻"陈留郡君谢氏"，似为汉族。义忠死于唐天宝元年（724），从碑文看，已完全汉化。

又《汉魏南北朝墓志集释》图版五九九有《郁久闾伏仁墓志铭》。内云伏仁，"本姓茹茹"，"高祖莫洛纥盖可汗"，"曾祖俟利弗"，"祖吐万度吐囵囚弗。父车朱浑，骠骑大将军、开府仪同三司、使持节都督兖州诸军、兖州刺史、太常卿"，"太和之时，值魏南徙，始为河南洛阳人，改姓郁久闾氏"。伏仁死于隋开皇六年（586）。据《集释》作者考证：伏仁高祖莫洛纥盖可汗，可能就是"牟汗纥升盖可汗大檀"。伏仁先世几代居于中原，到伏仁时，也已经汉化了。

除了柔然王族郁久闾氏、茹茹氏外，《魏书·官氏志》所记属于柔然别部之阿伏干氏（阿氏）、俟力伐氏（鲍氏）、叱吕邻氏（吕氏）、尔绵氏（绵氏）、纥奚氏（稽氏）等，都是在北魏时入居内地，受北魏统治，他们的汉化应比郁久闾氏更早，到隋唐时已完全融合到汉族之中，连姓氏也变成了汉族的姓氏，已经找不到他们原来的族属特征了。

附录一 柔然世系表

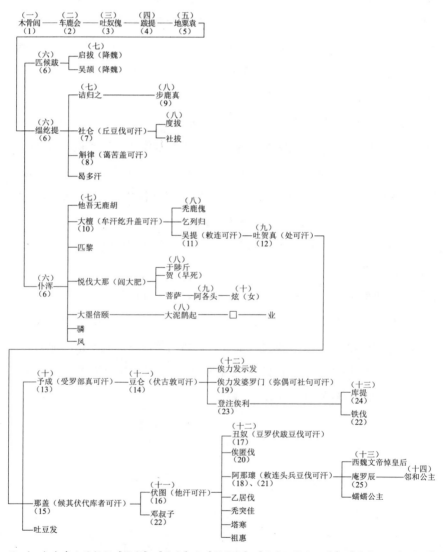

注：（一）本表主要根据《魏书》、《北史》之《蠕蠕传》、《魏书·闾大肥传》、《赫连子悦妻闾炫墓
志》、《北齐郁久闾业碑》等资料编成，并参考了《柔然资料辑录》附"柔然世系表"。
（二）人名上符号［（一）］表示世代先后，下符号［（1）］表示汗位相传序。

附录二　新出土柔然王族墓志汇释

　　公元 3 世纪末至 6 世纪中，继雄踞于北方蒙古草原的匈奴、鲜卑之后，是柔然。中国史籍又称柔然为蝚蠕、蠕蠕、茹茹、芮芮（南朝史籍称呼）等。[①] 关于柔然及其所建政权（又称"柔然汗国"）的历史，过去中外学界均有研究。其中如中国社会科学院历史研究所编纂组（韩荫晟）编《柔然资料辑录》（中华书局 1962 年版）、周伟洲撰《敕勒与柔然》（上海人民出版社 1983 年版）及冯家昇、林幹、曹永年、余太山、周建奇等国内学者均有关于柔然的一系列论文。[②] 国外学者如日本白鸟库吉著、方壮猷译《东胡民族考》（商务印书馆 1934 年版），内田吟风《北アジア史研究——鲜卑柔然突厥篇》（同朋舍 1975 年版）等。然而，自 20 世纪 80 年代以来，国内考古文物学界又发掘和发现了一批有关柔然的珍贵资料，尤以柔然王族相关的墓志的出土，引起国内学者的关注。笔者不揣冒昧，试图将已知 20 世纪 80 年代以来，新出土或发现的有关柔然的墓志加以梳理和考释，供学界讨论、批评。

　　在 20 世纪 80 年代之前，有关柔然王族郁久闾氏墓志只见有三方，即《闾伯昇暨妻元仲英墓志》（伯昇卒葬于东魏兴和二年）、《赫连子悦妻闾炫墓志》（炫卒于东魏武定元年，北齐河清三年迁葬）、《郁久闾伏仁墓志》（砖质，卒于隋开皇元年，八年葬）。[③] 下面就新出土的柔然王族墓志，按墓主下

---

① 参见周伟洲《敕勒与柔然》关于柔然名号的考证，上海人民出版社 1983 年版，第 81—88 页；又广西师范大学出版社 2006 年版，第 69—75 页。以下所引此书，均为广西师范大学出版社 2006 年版。

② 参见达力扎布主编：《中国民族史研究 60 年》，中央民族大学出版社 2010 年版，第 203—205 页。此不赘举。

③ 三方墓志见赵万里：《汉魏南北朝墓志集释》，科学出版社 1956 年版，图版五九一、图版三四五之二、图版五九九。又上引《柔然资料辑录》及赵超：《汉魏南北朝墓志汇编》，天津古籍出版社 1992 年版等，均有著录。

葬年代为序，分释如下。

一、《夏州间史君墓志》

此志现藏于希望之星书法馆，王连龙编著《新见北朝墓志集释》（中国书籍出版社 2013 年版）收录。为讨论方便，现参酌墓志拓本（图 1），标点录文如下：

夏州间史君墓志（横书志上方，下简称《郁久间肱墓志》）

郁久间肱（？）者，茹茹国人也。伯父大比，茹茹国主。父讳琼，字处什璬，遠慕圣化，丹诚归国。初至之日，造次未立，蒙赐青州历城，官口八十人，库帛一千匹，田地屋宅，悉蒙烝给。又以邻国子弟，封爵河间王，授辙东官度卢、殿中尚书、内行阿干、太仆卿，后除使持节、平北将军、云州刺史。息肱，仰承父祖之资，蒙袭父王品，至高祖孝文皇帝例改封为益都侯，除伏波将军、代名太守。在任公懃，民心愿乐。宜享遐寿，为国之干，何屌不幸，早辞明世以去。正始四年岁在乙卯（丁亥）十月甲子朔十日癸酉薨于家馆。时朝以肱父祖世为国主，诚心归服，及抚□名郡，清懃着称，掌德录懃，蒙赠持节都督夏州诸军事、冠军将军、夏州刺史。其为人也，凤禀端嶷之姿，长怀韶亮之气。天聪慧颖，生而知之，神悟幽通，不教而达。又恭俭节用，清心洁行，善与人交，言而有信。薨背之日，时朝叹惜，行路增酸。又德器宽美，不可具载，为略申之耳。其辞曰：

赫矣贵胄，世踵贤明。诞生懿哲，朗悟通灵。不教而达，不肃而成。恭俭节用，禀性忠贞。惟德可，遵有道可，庆迹王朝，匡辅时政。清懃着称，芳音早令。行为时则，流风垂咏。岳茂良才，永抚无疆。一朝殒世，痛惜三良。岂伊酸楚，于何不藏。玉折兰摧，奄就夜光。君子百行，君实兼有。军国两须，非子谁取。宜任梁栋，荷重是负。使终名绩，千载不朽。

兴和三年岁在辛酉七月辛未朔十二日壬午刊记

　　此志首题横书于志上方，与一般北朝墓志首行题铭竖写于前不同，甚为少见。志文开首云"郁久闾肱者，茹茹国人"。郁久闾为柔然王族姓，《北史》卷98《蠕蠕传》云："蠕蠕姓郁久闾氏。始神元（拓跋鲜卑神元帝）之末，掠骑有得一奴……其主字之曰木骨闾。'木骨闾'者，首秃也。'木骨闾'与'郁久闾'声相近，故后子孙因以为氏。"肱，为其名，按志拓本原字为月字边似为"右"或"各"，因字不清，暂仍以"肱"名之。

　　志文接着记："伯父大比，茹茹国主。父讳琼，字处什瓘，遽慕圣化，丹诚归国。初至之日，造次未立，蒙赐青州历城，官口八十人，库帛一千匹，田地屋宅，悉蒙悉给。又以邻国子弟，封爵河间王，授骧东宫度卢、殿中尚书、内行阿干、太仆卿，后除使持节、平北将军、云州刺史。"内云其父琼，始投归北魏，赏赐甚丰，又因为柔然王族子弟，封爵"河间王"。据《北史》卷80《闾毗传》云："闾毗，代人，蠕蠕主大檀之亲属，太武帝时自

图1　《郁久闾肱墓志》拓本

其国来降。毗即恭皇后之兄也。后生文成（帝）。"故其为外戚，满门显贵，"自余子弟赐爵为王者二人，公五人，侯六人，子三人，同时受拜……"。笔者撰《敕勒与柔然》一书，引《魏书》卷5《高宗纪》考出闾毗子弟赐王者两人，其中一人即兴安二年（453）三月壬午，"安丰公闾虎皮进爵为河间王"[1]。如此，志主肱父琼即是封为河间王之"闾虎皮"之别名，其可能即是闾毗之另一弟，或族弟。[2] 其伯父大比，即是柔然可汗大檀。如此，闾毗也可能系柔然可汗大檀之另一弟（或族弟），与投北魏的大檀另一从弟"悦伐大那"（即《魏书》卷30《闾大肥传》之闾大肥）[3] 为兄弟行。大檀时，柔然王族降魏者甚众，系与北魏太武帝于神䴥二年（429）大举伐柔然，入漠北，降众万数有关。[4] 志称其父授职中的"东宫（太子宫内）都卢"、"内行阿干（'阿干'鲜卑语'兄'之意）"等，应为北魏太和改制前所杂原拓跋鲜卑官职名。

志文下云："息（子）肱，仰承父祖之资，蒙袭父王品，至高祖孝文皇帝例改封为益都侯，除伏波将军、代名太守。"此记琼子（息）肱，承袭父"河间王"爵位，但到魏孝文帝太和年间改官制[5]，降为益都侯、伏波将军（第五品上），任代名郡太守。代名郡（治今内蒙古杭锦旗一带），属夏州（太和十一年改统万镇置，治今陕西靖边白城子）。[6]

据志云，肱于"正始四年岁在乙卯（丁亥）十月甲子朔十日癸酉薨于家馆。时朝以肱父祖世为国主，诚心归服，及抚（下删空一字，应为'代'）名郡，清懃着称，掌德录懃，蒙赠持都督夏州诸军事、冠军将军、夏州刺史"。即肱卒于北魏正始四年（507），北魏朝廷追赠为持节都督夏州诸军事、冠军将军（从第三品）、夏州刺史，志首题之"闾史君"，当从夏州刺史而名"史君"矣。而志最后又云东魏"兴和三年（541）岁在辛酉七月辛未朔十二

---

① 《敕勒与柔然》，第153页。

② 《魏书》卷7上《高祖纪上》："延兴二年（472）九月，河间王闾虎皮坐贪残赐死。"但对其子"河间王"爵似影响不大，只是太和改制时，由"王"降至"侯"爵。

③ 姚薇元：《北朝胡姓考》（修订本），中华书局1962年版，第262—263页。

④ 《魏书》卷103《蠕蠕传》。

⑤ 《魏书》卷113《官氏志》。

⑥ 《魏书》卷106下《地形志下》"夏州"条。

日壬午刊记"。即是说，在志主胨去世34年之后，方刻此墓志，可能才改葬。原因不明。

二、《征虏将军兖州高平太守闾公墓志》

此志（简称《闾详墓志》）出土地及时间不详（按志文应出土于河北邺城遗址西南），见赵文成、赵君平编《秦晋豫新出墓志搜佚续编》第1册（国家图书馆出版社2015年版），图99。现据此志拓本（图2），录文标点如下：

> 征虏将军兖州高平太守闾公墓志
> 公讳详，字洪庆，河南洛阳人也。苗裔轩皇，繁伦代北，公即北国主之六世孙也。高祖阿弗，率部来廷，光仪朝政，锡爵高昌王，仕至司徒公。曾祖勰，袭王爵司空公。祖齐州，器羽淹润，领袖一时。父仪同，风物严凝，峻峙当世。公禀藉纯粹，早怀精亮，志尚清高，体度闲寂，虚想御物，卷恋崇仁，融道德以立行，敷礼乐以为情，储孝友于胸中，聚和顺于身外，闾里钦其仁，朋侪慕其德。起家南青州录事参军，转太傅府外兵参军。后除兖州长史，重迁征虏将军、中散大夫，复除兖州高平太守。公文武兼禅（擅），雅于从政，爰自振衣，任迳（经）出处，声名藉甚，所在流誉。彼仓不吊，歼良已及。武定二年七月寝疾，春秋五十三，薨于第。粤以其年十月廿二日，葬于邺城西南十五里。谷岸傥（倘）移，金石可久，敬镌芳尘，用播不朽。其词曰：
> 猗与君公，克绍前修。青徽内发，温恭外流。容类春夏，猛裂高秋。宦迳（经）振响，旷迩非仇。郁为世范，方寄梁舟。略途未及，忽履深幽。长川杳邈，风树凄流。泉扃一奄，名识虚游。
> 武定二年（544）十月廿二日

据志文，闾详虽籍贯已改为"河南洛阳"，追溯其祖为轩辕黄帝，说明此时已渐汉化。但实际上，其祖先为"北国主（柔然汗国）之六世孙也"。其主六世孙不知从何算起？志云其"高祖阿弗，率部来廷，光仪朝政，锡爵高昌王，仕至司徒公。曾祖懃，袭王爵司空公。祖齐州，器羽淹润，领袖一时。父仪同，风物严凝，峻峙当世"。按，此族世系竟然与上引《闾伯昇暨妻元仲英墓志》所记基本相同："公讳伯昇，字洪达，河南洛阳人也……高祖即茹茹主之第二子，率部归化，锡爵高昌王，仕至司徒公。曾祖袭王爵司空公，赠司徒。祖齐州……父仪同，器业渊长，郁为时望。"闾详志补充了其高祖、曾祖名。显然，闾伯昇与闾详为兄弟行，而两人字一曰洪达、一曰洪庆，也可证此。据闾详志可知其生于太和十六年（492），而闾伯昇志记其卒于兴和二年（540），比详早卒四年，但未记其时年龄，故其出生年月不知。但从其名为"伯昇"推断，伯昇当为兄，详为弟。详最后官职为兖州高平太守，高平郡治高平，今山东枣庄西。

图2 东魏《闾详墓志》拓本

国内有学者研究上引《闾伯昇暨妻元仲英墓志》时，考证伯昇高祖即

《魏书》卷30《闾大肥传》之闾大肥，但大肥传中，所记其名、生平及官爵，无一处与之相合。如从闾详志知其（包括伯昇）高祖名"阿弗"，而大肥又名"悦伐大那"；大肥本传中记其死后"追赠中山王"，上引其孙女《赫连子悦妻闾炫墓志》记为"老生王"；而伯昇、详志中其高祖封爵为"高昌王"；大肥本传中更无封其或子弟为"司徒公"、"司空公"等三公高位的记载。因此，伯昇高祖即闾大肥的结论难以成立。柔然投魏王族甚多，除上述闾毗、闾大肥两支外，想必封王侯者还很多。正如北魏名臣崔浩所说："蠕蠕子弟来降，贵者尚公主，贱者将军、大夫，居满朝列。"[①] 仅封王侯者，除上引之外，还见有朔方王郁久闾乞列归（柔然可汗吴提兄）、安丰公闾根[②]，又兴安元年（452）十二月甲子"濮阳公闾若文进爵为王"，和平三年（462）十二月戊午"零陵王闾拔蒨"等。[③]

三、《魏故齐献武高王闾夫人墓志》

此志出土于河北磁县，现藏于正定由一位收藏家所办博物馆内。罗新先生曾撰《茹茹公主》一文（《文景》2011年第4期），对此志有著录及详细的研讨。现将志文录如下：

> 魏故齐献武高王闾夫人墓志（下简称《蠕蠕公主闾氏墓志》）
> 夫人姓闾，茹茹主第二女也。塞外诸国，唯此为大，既丰沮泽之产，实同娇子之疆。世约和亲，恒为与国，奇畜衔尾，侍子盈朝，甘泉之烽未动，龙城之使屡降。及国胜兵焚，来控天邑，渭桥成列，上林自归。重起韩昌之骑，还由鸡鹿之道，胜兵控弦，十不遗一，雄图武略，复振北土，稾街无阙，辒轩继路。夫人体识和明，姿制柔婉，闲淑之誉，有闻中国。齐献武王敷至德于戎华，立大功于天地，弼成五服，

---

① 《魏书》卷35《崔浩传》。

② 《魏书》卷4下《世祖纪下》"太平真君二年三月辛亥"、"太平真君七年五月癸亥"条。

③ 《魏书》卷5《高宗纪》。

光于四海，方一此车书，同兹声教，驱百两于王庭，鸣双雁于塞表。遂
以婚姻之故，来就我居，推信让以和同列，率柔谦以事君子。虽风马未
及，礼俗多殊，而水清易变，丝洁宜染，习以生常，无俟终日。至于环
佩进止，具体庶姬，刀尺罗纨，同夫三世，非法不动，率礼无违。宜其
永年，以信天道，忽焉已及，何验高明。春秋一十有九，以武定六年四
月十三日，薨于并州王官，其年五月卅日，窆于齐王陵之北一里。有诏
葬以妃礼，虑员方有易，陵谷代徙，余美无传，式流于此。铭曰：

天池交闭，祸难方延。救焚援溺，非圣伊贤。德之所备，功亦至
焉。柔远能迩，礼洽化迁。彼美淑令，时惟妙年。有行去国，言告移
天。音容外理，柔和内宣。生之不吊，忽若吹烟。翠羽将灭，铭华蜚
鲜。我行其野，归于墓田。松风已急，陇月徒县。哀凝迥隧，歌绕空
山。来宾讵久，莌珍方旋。齐女思北，秦姬望西。灯火且焰，香烬余
燃。嗟哉白日，永秘重泉。

据此志，茹茹（柔然）主第二女闾氏卒葬于东魏武定六年（548）四月，
志首题"魏故齐献武高王"，为已于武定五年正月去世之东魏相国高欢，正
月五日东魏孝静帝下诏，追赠其"假黄钺、使持节、相国、都督中外诸军
事、齐王玺绂……兼备九锡殊礼，谥献武王"[1]。故志首题有"故"及"齐献
武高王"之称。

下嫁与高欢的"茹茹主"第二女闾氏，即柔然复兴后可汗阿那瓌第二女
闾氏（郁久闾氏），"号曰蠕蠕公主"[2]。关于阿那瓌嫁女与东魏高欢一事，《北
史》卷14《后妃传下》所记"蠕蠕公主郁久闾氏"、"齐武明皇后娄氏"及
《北史》卷98《蠕蠕传》等，均有记载。上引罗新《茹茹公主》一文，有更
为详细、生动之论述，故不赘述。

此志文主要以汉代汉匈关系之典故及一般墓志所记，多为对茹茹、蠕蠕
公主、高欢等溢美之词，而于新史实补证则不多。仅如上引罗新文所说，补

---

① 《北齐书》卷2《神武下》。
② 《北史》卷14《后妃传下》"蠕蠕公主郁久闾氏"条。

充了蠕蠕公主为茹茹主（阿那瓌可汗）之第二女，以及公主卒于东魏武定六年四月十三日，年十九岁。然而，此志的出土，补证了东魏高欢迎柔然阿那瓌可汗第二女的历史事实；且志称公主为"闾氏"，说明北魏孝文帝太和年改胡姓为汉姓后，有部分柔然郁久闾氏改为闾氏的事实，尽管《魏书·官氏志》中所列胡姓改汉姓名中，无"郁久闾氏，后改闾氏"之记载。

四、《魏开府仪同长广郡开国高公妻茹茹公主闾氏墓志》

此志系 1978 年河北磁县文化馆等在磁县南大冢营村北墓葬出土。现藏邯郸博物馆。此墓发掘及出土文物（包括墓志）情况，首刊于 1984 年第 4 期《文物》杂志上，题为《河北磁县东魏茹茹公主墓发掘简报》。此后，又有多种论著收录此墓志。如赵超著《汉魏南北朝墓志汇编》（天津古籍出版社 1992 年版，第 382—383 页）、上引罗新《茹茹公主》一文，也引述此墓志等。

现参酌墓志拓本（图 3），将志文转录如下：

魏开府、仪同、长广郡开国高公妻茹茹公主闾氏铭（志盖，下简称《茹茹公主闾叱地连墓志》）

魏骠骑大将军、开府仪同三司、长广郡开国公高公妻茹茹公主闾氏墓志铭

公主讳叱地连，茹茹主之孙，谙罗臣可汗之女也。源流广远，世绪绵长，雄朔野而扬声，跨列代而称盛。良以布濩前书，备诸历史矣。公主体弈叶之休征，禀中和之淑气，光仪婉嬺，性识闲敏，四德纯备，六行聿修，声穆闺闱，誉流邦族。若其尊重师傅，访问诗史，先人后己，履信思顺。庶姬以为模楷，众媛之所仪形。皇魏道映寰中，霸君威棱宇县，朔南被教，邀外来庭。茹主钦艳风猷，思结姻好，乃归女请和，作嫔公子。亦既来仪，载闲礼度，徽音岁茂，盛德日新。方享遐期，永结难老，与善徒言，消亡奄及。以武定八年（550）四月七日薨于晋阳，

时年十三，即其年岁次庚午五月己酉朔十三日辛酉葬于釜水之阴，齐献武王之茔内。天子下诏曰：长广郡开国公妻茹茹邻和公主，奄至丧逝，良用嗟伤。既门勋世德，光被朝野，送终之礼，宜优常数。可敕并州造辒辌车，备依常式，礼也。乃铭石壤阴，永传余烈。其词曰：

祁山发祉，蒙野效灵。雄图不就，世载民英。於惟淑女，膺庆挺生。德兼柔慎，质俪倾城。皇德远临，霸功退震。紫塞纳款，丹邀思顺。有美来仪，作嫔世儁。惠问外扬，贞情内峻。思媚诸姑，言齿同列。粂帏有序，大小胥悦。方享退期，仪范当世。如何不吊，兰催玉折。卜云其吉，将窆玄官。荣哀总备，礼数兼崇。轻辌转毂，飞旐从风。清晖永谢，彤管无穷。

自 1984 年上述《河北磁县东魏茹茹公主墓发掘简报》发表之后，笔者即在《文物》1985 年第 5 期上发表《河北磁县出土的有关柔然、吐谷浑等族文物考释》一文，首先对茹茹公主墓出土文物进行考释，指出柔然与东、西魏

图 3　东魏《茹茹公主叱地连墓志》拓片

和亲共五次：首先是柔然与西魏的通婚：西魏大统初，文帝"以孝武时舍人元翌女称为化政公主，妻阿那瓌兄弟塔寒"①；后文帝又自纳阿那瓌长女为后，阿那瓌长女于大统四年（538）至长安完婚②。东魏见西魏与柔然和好，对己不利，即遣使柔然通好。兴和三年（541），东魏以常山王骘妹乐安公主，改封兰陵郡长公主，妻柔然阿那瓌子庵罗辰，高欢亲送公主于楼烦之北。③四年（542），阿那瓌以孙女邻和公主嫁高欢第九子高湛。武定四年（546），阿那瓌又将爱女蠕蠕公主嫁与高欢。④磁县茹茹公主墓的墓主即兴和四年嫁与高湛的茹茹邻和公主。

又考释墓志称"茹茹公主闾氏"，"公主讳叱地连，茹茹主之孙，谥罗臣可汗之女也"。知茹茹邻和公主名闾叱地连。闾氏，为柔然王族"闾久郁氏"的简称，改闾氏大致是在太和十九年诏令后。⑤墓志云茹茹公主系"茹茹主之孙"，此茹茹主即指阿那瓌可汗；其父"谥罗臣"，即《北史》所记之阿那瓌子"菴罗辰"，盖译音无定字之故，称其为"可汗"，系志铭撰者对其之尊称。因当时柔然可汗为其父阿那瓌，庵罗辰未见有此号。志称茹茹公主死于武定八年（550）四月七日，时年十三，则五岁作嫔于高湛（时年八岁）。这些资料，均可补史之阙。

从茹茹公主墓出土的大量陶俑、陶禽畜来看，基本上与东魏宗室及汉族高级官吏墓内陶俑种类组合、服饰相似，且有继承关系。又该墓室北壁壁画有女子七人，"居中一人比较丰满，头戴峨冠，右手举手版作吩咐之状，当是茹茹邻和公主的形象"⑥。从壁画中公主的服饰上看，基本上是北朝汉族贵族妇女的装饰。以上这些事实说明，五岁作嫔于东魏高湛的茹茹公主，采取了汉族的习俗、服饰。这种情况，不禁使人想起在武定四年柔然蠕蠕公主适东魏高欢的情况来，史称"公主性严毅，一生不肯华言"，即其至东魏后不

---

① 《北史》卷 98《蠕蠕传》。
② 《北史》卷 13《文帝悼皇后传》。
③ 《北史》卷 98《蠕蠕传》。
④ 同上。
⑤ 姚薇元：《北朝胡姓考》，第 266 页。
⑥ 上引《河北磁县东魏茹茹公主墓发掘简报》。

肯讲汉语。高欢死后，其子高澄从柔然"国法""烝公主"，生一女。[①] 而茹茹公主因年幼，故其到东魏后，迅速汉化是很自然的事。

五、《隋齐州刺史乞伏令和夫人郁久闾氏墓志》

此志系 2006 年 8 月至 10 月，四川大学考古学系及河南新乡县文物局、卫辉市文物局等发掘位于卫辉市唐庄镇大司马村北的隋代乞伏令和夫妻墓出土。2015 年由四川大学考古系及河南省文物局南水北调文物保护办公室署名的发掘简报《河南卫辉市大司马村隋唐乞扶令和夫妇墓》（以下简称《简报》），正式在《考古》杂志 2015 年第 2 期上发表。

据上引发掘《简报》记："郁久闾氏墓志出土时盖、石分离，志盖出自墓室中部偏北处，志石出自墓室南部……志石保存较完整。青石质……边长 69、厚 11 厘米。志文阴刻楷书 29 行，满行 28 字，共 804 字。"现参酌《简报》中的墓志拓本（图 4），录文如下：

大隋西河国夫人墓铭（志盖，篆书，下简称《郁久闾募满（思盈）墓志》）

大隋柱国、齐州刺史、西河公乞扶令和夫人郁久闾氏墓志

夫人讳募满，字思盈。其先夏后之苗裔，天人之后也。昔禹子好田，来降丰草，乌丸善骑，校搏长山。黄云启霸者之符，白雪开帝皇之业，圣人继作芳门，郁起崇基，共琨阆争，高鸿源与，海滨等濬，金科玉牒，难得而详。祖远，遣济生民，侔高伊吕。父伏真，功盖天下，位隆周邻。夫人禀质上玄，资灵秀岳，德冠生短，理穷系象。弱笄就傅，章台（？）之业早传，出教公官，戚里之丰先达。周姬下嫁，唐女嫔妫，诗美肃邑，书陈赫弈。母仪淑慎，妇德幽闲，服澣濯之衣，躬酒挺之事。夫人丰调高奇，志局淹远，龟筮无得并其明，琴瑟不可齐其韵；

亭亭似月，嗤梼药之非工，婉婉如神，叹投壶之未巧。剋柔剋令，言告言归，思媚诸姑，实贻嫔则，外姻毕穆，内政聿修，国有彝章，宜从训典。齐天统五年授幽州范阳郡君。武平七年，又授宜民王妃。遣超返代，世多命赏，作合于君，自家刑国。开皇元年令旨：主馈作俪，仪刑闺阃，从爵有章，用光柔范，授柱国、西河国夫人。汉封慎氏，未见衰荣，魏锡卜君，曾无优礼，岂若宠荣三代，贻范百王，迈彼前修，未有如斯之盛者也。夫人业隆家庆，德协闺帷，居蒲则忧，再盈便惧，绮罗弗玩，珠玉不宝，故能构千寻于畴昔，垂万叶于后昆。西河公体道要真，操徵索隐，网罗卿相，驱驰列辟，恒以伉俪之重，相敬如宾。家室好仇，非礼不动，庶鸡鸣有作，卷耳聿制，甘与同梦，志期偕老。宁知芳兰，始馥遇秋，风以振条，逸翮方申，忽淪穷而坠羽，朝华不艳，晨露先晞，景命不遏，处从物故。以开皇八年二月薨于卫州汲县兴让里，时年五十二。于时日月韬光，风云改色，邑有散笄，隣不相杵，无劳陟岵。自有墮泪之夫，讵假河梁，已见沾缨之客，诸居骤从，逝川不往，祖载有期。宅兆将及，以开皇九年岁次己酉十月辛酉朔十三日癸酉窆于汲县西北廿里闟村北壹伯步。王帐长埋，金屏永閟，玄旌抗节，服马悲鸣。共天长地久，访龟筮而可识，古往今来，讨芳碑而犹记。其铭曰：（下略）

　　柔然自北魏天兴五年（402）正式建国，至西魏恭帝二年（555）为突厥所灭，一百多年间与北魏及东魏、西魏、北齐、北周诸政权关系密切，有战争，也有和平交往及和亲。其间，柔然王族郁久闾氏投归北朝的人也甚多，见于史传及出土墓志。[1] 正如北魏时崔浩所说："蠕蠕子弟来降，贵者尚公主，贱者将军、大夫，居满朝列。"[2] 总之，柔然郁久闾氏在北朝可算是名门著姓，乞伏令和能娶郁久闾氏，有高攀之意味。

　　《魏书》卷113《官氏志》记太和改姓中无"郁久闾氏"，但确已有改为"闾氏"者，如《魏书》卷83《闾毗传》所记；但也有未改单姓或东、西魏

① 《敕勒与柔然》，第148—155页。
② 《魏书》卷35《崔浩传》。

图 4 《郁久闾募满（思盈）墓志》拓片

时复旧姓的情况，令和夫人志即一例。郁久闾夫人墓志的规格，显然比其夫令和祔葬墓志要高，且整个墓葬及出土文物也皆为郁久闾氏葬时所设置，故志撰写时间大致在其卒后安葬的隋开皇九年（626），时乞伏令和任隋齐州（治今山东济南）刺史。志文多为对墓主人高贵品格、严守妇德、相助夫君之溢美、华丽辞藻，但也有一些具体的内容，如记墓主郁久闾氏"讳募满，字思盈，其先夏后之苗裔"；记其祖远、父伏真之名（无考），而未记他们具体任职官名，也未记其何时下嫁于乞伏令和。

志文还记，北齐后主高纬"天统五年（569）授幽州范阳郡君。武平七年（577），又授宜民王妃"。郡君、王妃，均为命妇封号，一般随夫或子封爵而定。天统五年乞伏令和时封"瀛州永宁县开国公"，正二品①，按魏晋时惯例（时未有定制），其夫人封"郡君"；武平七年，令和已封"宜民王"，正一品，按例封"王妃"。由此也可补传、志记令和封上述两职官的时间。志文后又记，隋"开皇元年……授柱国、西河国夫人"，时其夫令和爵为柱国、西河郡开国公。隋柱国，正二品；西河国公，从一品，依相近之唐制，

---

① 《通典》卷38《职官二十》。

"武官一品及国公母妻为国夫人"①之例，封郁久闾氏为"西河国夫人"。此为夫人最后之名号，故其墓志盖上阳刻篆书"大隋西河国夫人墓铭"九字。

志文后还记其卒葬时间及地点："以开皇八年（588）二月薨于卫州汲县兴让里，时年五十二……以开皇九年岁次己酉十月辛酉朔十三日癸酉窆于汲县西北廿里阙村北壹伯（百）步。"据此，知夫人生于东魏天平四年（537），而其夫生于北魏正光五年（524），年龄相差十三岁。夫人卒于"卫州汲县兴让里"，据唐《元和郡县图志》卷16"卫州"条记："周武帝改义州为卫州，隋大业三年改为汲郡"，"隋开皇六年改伍城县为汲县，大业三年改属汲郡"。②志云夫人卒于开皇八年，此时伍城县已改汲县，故志记正确。此地应即在今河南卫辉市。夫人葬地"汲县西北廿里阙村北"，当即发掘墓地之处，也即令和祔葬之处，此地在太行山余脉谷驼岭南麓，故令和志云"厝于山之伤（阴）"也。

最后，正如《简报》提及：无论从墓葬形制、出土文物，特别是出土的两方墓志看，原为乞伏鲜卑、柔然的乞伏令和夫妇，其原民族的属性，经过北朝数百年与内地汉族的杂居、交往已逐渐汉化。两志开始记其先世出自"夏后"，即华夏族祖黄帝之苗裔；说明到北朝、隋初入居内地的鲜卑、柔然等族已基本完成了汉化的过程，认同于汉族了。③

六、《隋故大将军九陇公郁久闾公墓志》

此志系2005年西安市长安县出土，现存陕西省考古研究院。王其祎、周晓薇编著《隋代墓志铭汇考》第2册第63—68页载有志拓本（图5）、录文及附考。现参酌拓本及王书录文，再录如下：

---

① 《通典》卷34《职官十六》。
② 参见《隋书》卷30《地理志中》"汲县"条。
③ 参见周伟洲：《乞伏令和夫妇墓志铭证补》，周伟洲主编：《西北民族论丛》第13辑，社会科学文献出版社2016年版。

隋大将军郁久闾公铭（志盖，篆书，下简称《郁久闾可婆头墓志》）

隋故大将军、九陇公郁久闾公墓志铭

公讳可婆头，京兆长安人。其先出自卫国楚公子闾之后，导若水而开源，跨轩台而启构，丽天形于星月，镇地象于山河，皆备尽缣缃，可略而言也。自秦失其鹿，汉道未昌，中源榛梗，九州幅裂。显考避乱，渐跨北垂，明德重光，世君沙漠。茹茹主莫容可汗，则公之曾祖乌稽可汗。祖贺根，吐豆弗、俟利弗。父臣明，吐豆弗，并王子王孙，世官世禄，信义行于殊域，威恩被其区宇。公挺鸾凤之姿，挟金虎之气，远同韩、白，暗合孙、吴。年十七，袭爵为吐豆弗，归齐，蒙授使持节、沙州诸军事、沙州刺史，大贤真备身，正都督，食平寇县幹，寻加伏波将军、假仪同三司。突厥寇扰，公手枭元恶，勋授仪同三司、安德县开国公，邑五百户，赐物一千假（段）。三齐妖孽，四履横流，公六奇暨陈（阵），一鼓而灭，还拜左卫大将军。入周例授上开府、九陇郡开国公，寻加大将军。大隋肇历，除北道行军总管。开皇五年，授长州诸军事、长州刺史。十年，拜北道行军元帅。方欲刻石燕然，勒兵姑衍，斩温禺而爨鼓，尸日遂以染锷；而与善无征，报施多爽，以二月廿二日遘疾，薨于齗州邸舍，春秋六十有二。魏丧郭嘉，晋亡羊祜，方之哀悼，未足相踰。粤以开皇十二年正月廿六日迁葬于京兆之高阳原，礼也。灵辀戒路，旌斾启涂（途），百辟对而伤嗟，三军闻而掩泪。贻诸不朽，须勒泉阴，铭曰：（下略）

上引王其祎、周晓薇编著《隋代墓志铭汇考》第66—68页"附考"，以上引隋《郁久闾伏仁墓志》与之校释，并对志中一些官爵、地名进行考释，多有新见。

此志所记可婆头之先祖"卫国楚公子闾之后"，因秦汉时避乱，入北垂建茹茹国云云，纯因其族至隋已汉化，将其先祖伪托于华夏"卫国楚公子闾之后"，故不可信据。茹茹主莫容可汗及可婆头曾祖乌稽可汗，已不可考。其"祖贺根"、"父臣明"，当为柔然可汗一族，姓郁久闾氏，所任"吐豆弗"、"俟利弗"，为柔然官号。"吐豆弗"，又译作"吐豆发"，即"吐屯"

图 5　《郁久闾可婆头墓志》拓本

（突厥文碑作 tudun）官号加"弗（发）"构成，位在吐屯之上；"俟利弗"，又译作"俟利发"、"俟力发"、"俟匿伐"、"希利发"等，即"俟利"（突厥文碑作 eltäbir）官号加"弗（发）"构成，位在俟利之上。两官职一般由柔然王族子弟担任。[①] 所谓"弗、发"是因古唇音无清浊之分，故译名时通用。此词在古突厥文碑文中作"bäg"或"put"，过去学者译作"匐"或"伯克"。[②]

　　据志文，可婆头"祖贺根"及"父臣明"大致生活在北魏末至东魏时漠北柔然，至可婆头十七岁时，"袭爵为吐豆弗，归齐"，即大致在东魏武定三年（545）或其后投北齐，多有战功，加官进爵。后又"入周"，即为北周官吏，"例授上开府、九陇郡开国公，寻加大将军"。志文仅记至隋代可婆头任职而未记其爵位，从志首题看，隋朝保留了其在周的官爵"大将军、九陇

①　参见《敕勒与柔然》，第 138—140 页。
②　参见罗新：《柔然官制续考》，《中华文史论丛》2007 年第 1 期；韩儒林：《突厥官号研究》，华西协和大学《中国文化研究所集刊》1940 年 9 月第 1 卷第 1 号。

公"。可婆头开皇五年（585）所任之"长州刺史"，据《隋书》卷29《地理志上》朔方郡属"长泽县"下注云："……又有后魏大安郡，及置长州……大业三年州废。"时长州治今陕西靖边西北、今内蒙古境内。开皇十年（590）改任"北道行军总管"，同年二月卒于豳州（治今陕西彬县）邸舍①。开皇十二年正月，迁葬于京师长安之"高阳原"（今陕西西安长安区南）。而上引隋《郁久闾伏仁墓志》云其卒于开皇元年，六年"葬于长安城西六里杜村西"。

七、《大唐故河南郁久闾府君墓志》

此志出土于陕西西安长安区，现藏西安碑林博物馆。志图、文均见赵力光主编《西安碑林博物馆新藏墓志续编（上）》（陕西师范大学出版总社有限公司2014年版），第272—274页。（图6）为讨论方便，参酌拓本及原录文，再录如下：

> 大唐故河南郁久闾府君墓志（志盖，楷书，下简称《郁久闾浩墓志》）
> 君讳浩，字乘潮。河南洛阳人也。曾祖志，太宗文皇帝进马，累迁左右羽林军将军、代州都督。祖基，云麾将军、左卫勋二府中郎将、右领军卫将军。考延，蜀州参军、洺州司法、朝散大夫、邠王法曹、郑王属，俄迁本府咨议，又除齐州长史、上柱国、沅陵县开国伯。君即长史公之次子。姚吴兴沈氏，余杭令克明之甥也。君孝尊百行，学赡三冬，弱冠之初，才参入仕，星火再变，便有告终，华而不实，远近伤痛。春秋廿五，唐开元十六年四月九日遘疾，卒于万年县昭国里之私弟。即以其年五月六日迁厝于凤栖原，礼也。未婚无嗣。兄滔、弟泌、洌等，哀痛伤悼，五情分裂。青春陌上，徒想鸰原之难，黄垆宅中，无复陟岗之

---

① 据《元和郡县图志》卷3"邠州"条记："……文帝大统十四年于今理置南豳州，废帝除'南'字。隋大业二年省入宁州……"墓志撰于开皇十二年，故有"豳州"。可婆头卒时任"北道行军元帅"，故卒于途中"邸舍"，或曰此地为北道行军元帅理所。

望。乃刊石彰德，寄芳泉扃。

　　东北一里，代州都督茔。次西北百步，右领军将军茔。茔后，齐州长史茔。君茔前，堂叔祖夷州刺史师茔。

　　志文记其籍贯为"河南洛阳人"，与上述柔然王族改籍贯同。又志首从其曾祖开始记其先世："曾祖志，太宗文皇帝进马。"进马，为唐殿中省尚乘局官名，六员，正七品下。[①]也即是说，郁久闾浩曾祖早在唐太宗时，已迁至京师长安居住，任殿中省尚乘局"进马"官。以后浩之祖、父又在外地为官；其父延，官至齐州刺史（从三品）、上柱国（正二品勋）、沅陵县开国伯（正四品爵），已入唐高官之列。志称浩为延次子，其母吴兴沈氏，为南方汉族士家。浩卒时未婚，且卒于"万年县昭国里之私弟"。因而，可以认为，浩一族已有几代人定居长安，并有私舍。

图 6　《郁久闾浩墓志》拓片

----

① 《大唐六典》卷 11《殿中省尚乘局》记："进马，掌大陈设戎服执鞭，后立仗马之左，视马进退。"

浩卒葬于开元十六年（728），窆于长安凤栖原。与一般墓志不同的是，志铭最后，还记述其曾祖（代州都督）、祖（右领军将军）、父（齐州刺史）三代及其堂叔祖师（夷州刺史）的茔地（墓地），均在一里范围之内，可视为这一支居长安的柔然王族郁久闾氏的家族墓地。总之，从此方墓志可看到这一支几代居于长安的柔然王族的生活及汉化之轨迹。因此，国内有学者认为，从墓志反映出的籍贯、名字、任职、婚姻、埋葬习俗、家族墓地等因素综合分析，同时对照先前西安出土的《郁久闾伏仁墓志》的内容，可以清晰地发现，墓志中的柔然王族后裔的汉化速度加快等变化轨迹。①

八、结语

在汇释上述已知有关出土或发现有关柔然王族墓志后，笔者对之做进一步分析、总结和研讨。

第一，对已知十方柔然王族郁久闾氏或闾氏墓志主（包括 20 世纪出土的三方墓志）下葬年代，即大致为墓志书写的年代，做一统计：撰于东魏的最多，共五方（《闾伯昇暨妻元仲英墓志》、《郁久闾肱墓志》、《闾详墓志》、《蠕蠕公主闾氏墓志》和《茹茹公主叱地连墓志》）；北齐一方（《赫连子悦妻闾炫墓志》）；隋代三方（《郁久闾伏仁墓志》、《郁久闾募满墓志》和《郁久闾可婆头墓志》）；唐代一方（《郁久闾浩墓志》）。仅从此十方柔然王族墓志可看出，东魏、隋代入居内地柔然王族在当时政治舞台上较为活跃；然而，从文献上看，入居内地柔然王族在北魏时更为活跃和繁盛，可是截至目前还未见有墓志出土，只有期待今后的发现。

第二，仅从此十方柔然王族墓地卒葬地（大致相当其居地）分析，葬于东魏都城邺城（今河北磁县南）附近就有四方（《闾伯昇暨妻元仲英墓志》、《闾详墓志》、《蠕蠕公主闾氏墓志》和《茹茹公主叱地连墓志》），隋唐京师长安有三方（《郁久闾伏仁墓志》、《郁久闾可婆头墓志》、《郁久闾浩墓志》），林虑

---

① 李举纲：《西安新见柔然王族郁久闾氏后裔墓志》，《中国文物报》2007 年 8 月 24 日。

郡（治今河南林县）一方（《赫连子悦妻闾炫墓志》），汲郡（治今河南卫辉）一方（《郁久闾募满墓志》），不明葬地一方（《闾肱墓志》）。由此也可大致了解东魏至隋唐柔然王族迁徙、分居的情况。当然，这仅是据十方墓志的资料得出的结论，只能作为一参考。

第三，上述新出土有关柔然的墓志补证了在东、西魏"竞结阿那瓌为婚好"[①] 的史实。史籍共计柔然阿那瓌可汗与东魏和亲三次，除东魏以常山王妹改称兰陵郡长公主嫁与阿那瓌子庵罗辰外，东魏长广公高湛娶阿那瓌孙女邻和公主，则有《茹茹公主叱地连（即邻和公主）墓志》为证；高欢迎娶阿那瓌第二女，则有《蠕蠕公主闾氏墓志》为证。三次和亲，就有两次出土墓志与史籍相补证。

值得注意的是，从文献及墓志已知柔然阿那瓌可汗长女（魏悼后）、第二女（蠕蠕公主闾氏）、孙女（邻和公主）分别下嫁至西魏、东魏后，均在十余岁时早夭。除史称魏悼后死于难产外，余早夭原因不明。是与由漠北迁居内地宫廷水土不服、环境改变有关，抑或因孤独、空虚的心理所致，因史、志阙载不得而知。

第四，从上述墓志记有柔然王族婚姻情况：与拓跋鲜卑结姻的有闾伯昇妻元仲英、魏文帝元宝炬所娶阿那瓌长女（魏悼后），与乞伏鲜卑结姻的有乞伏令和所娶郁久闾募满，与铁弗匈奴赫连氏结姻的有赫连子悦妻闾炫，与鲜卑化汉族高氏结姻的有高湛所娶郁久闾叱地连、高欢所娶阿那瓌第二女，与汉族结姻的有郁久闾浩父延妻吴兴沈氏等。事实上，文献记载北魏时柔然王族与北魏拓跋鲜卑王室联姻甚多，这种情况延续到东、西魏。上述墓志反映出柔然王族不仅随拓跋鲜卑汉化，并开始与汉族和其他民族联姻，并逐渐加速其汉化的进程。

第五，上述所有墓志均为柔然王族的姓氏郁久闾氏或闾氏，而未见柔然改姓"茹茹氏"或"茹氏"的一方墓志，但有一部分柔然人随其所改国号，姓"茹茹氏"或"茹氏"者。唐代林宝撰《元和姓纂》卷8九御"茹氏"条

---

① 《北史》卷 98《蠕蠕传》。

云："蠕蠕入中国亦为茹氏，音去声"①；同书卷 2 九鱼"茹茹氏"条："其生蠕，茹茹种类，为突厥所破，归中国。后魏蔚州刺史高平公茹茹敦（恩）、周宁州刺史洋公，生师宝、海宾（宝？）。师宝，隋□骑大将军、安次公，生盛寿。海宾，唐屯卫大将军。"②又见于记载的，如上引隋《郁久闾伏仁墓志》云"本姓茹茹"。《隋书》卷 45《庶人谅传》记有"大将军茹茹天保"；《文苑英华》卷 99《唐忠武将军茹义忠碑》（天宝七载立）云："茹茹之部，名王盛族……自拓跋宇文降为著姓焉，则公之先也。公讳义忠，今为雁门人矣。"

由于茹氏族源甚多，仅北方少数族中就有"普陋茹氏，后改为茹氏"③。因而，文献及出土墓志很少见有姓茹茹或茹氏柔然王公贵族的记载。由此，笔者做一大胆推测：柔然王族郁久闾氏或闾氏视本族为贵胄，不愿轻易改动自己之高贵姓氏；而对一般柔然贵族或民众则多改如国号"茹茹氏"或"茹氏"。上述郁久闾伏仁原姓茹茹，又改回郁久闾姓即一例。事实上，柔然一般贵族或民众改茹茹姓者应是很多的，文献及出土墓志一般为柔然高官王公书记，柔然一般贵族或民众自然见之不多。近现代在今山西、河南一带的茹姓，朔其祖源，多来自入内地汉化之柔然族。今山西五台山下有"茹家庄"，如果进行调查研究，此地居民远祖可追溯到柔然。

又入居内地的柔然人还有改姓为"柔氏"者。20 世纪 80 年代拙著《敕勒与柔然》一书出版后，新疆有一柔姓的先生来函，云其家乡原在山西，老辈讲其柔姓源自北方柔然，后改姓柔氏。至今国内柔姓者尚有不少，通过调查，必有所收获。

（原载于周伟洲：《新出土中古有关胡族文物研究》，社会科学文献
出版社 2016 年版）

---

① 《元和姓纂》，中华书局 1994 年版，第 1206 页。
② 《元和姓纂》，第 225 页。
③ 《魏书》卷 113《官氏志》。

附录三　林幹:《敕勒与柔然》评介

《敕勒与柔然》一书,周伟洲著,上海人民出版社 1983 年出版。全书分上下两篇,上篇讲敕勒,下篇讲柔然,计十二万字。这是我国第一本专门论述敕勒与柔然二族历史的著作。

从公元 220—589 年是我国历史上的魏晋南北朝时期。在这个时期中,一方面是北方各少数民族纷纷内徙,并在中原各地建立政权,互相交战,另一方面则是各族互相错居杂处,互相学习与促进,因而也是一个民族大融合的时期。在这个各族互相交战和互相融合的过程中,敕勒与柔然在其中扮演了重要的角色。但是,过去学者对这个时期的"五胡十六国"及拓跋鲜卑建立的北魏研究得较多,对于敕勒(高车)、丁零则研究得较少,对于柔然的研究更是一片空白。因此,《敕勒与柔然》一书的撰写和出版,就特别显出它的史学价值。

一

《魏书·高车传》载:

高车,盖古赤狄之余种也。初号为狄历,北方以为敕勒,诸夏以为高车、丁零。其语略与匈如同,而时有小异,或云其先匈奴甥也。

这一段记载,历来中外学者各有注释。《敕勒与柔然》一书,经过考订,认为：

1. 赤狄、狄历、敕勒、高车、丁零，乃汉文史籍在不同时代，反映的各个民族对敕勒族的称谓。赤狄是春秋时汉文史籍对该族的称谓；狄历是该族的自号；敕勒是西晋初年以后塞外各族对它的称谓；高车是北朝人（包括北朝的汉人和汉化了的鲜卑等）对它的称谓；丁零则是很早以来汉族对它的称谓。

2. 南北朝时期，北朝人只把在"五胡十六国"之前迁入内地居住的敕勒族称为丁零，其余称为高车或敕勒。南朝人则把敕勒（高车）、丁零统称为丁零，不加区别。

3. 丁零、狄历、高车、敕勒、铁勒，均为古代各族人民对属于阿尔泰语系突厥语族的民族的统称或泛称，只是在一定的历史时期和一定的历史条件下，有的名称才专指其中的一部。

丁零是公元前 3 世纪前后出现在匈奴之北的游牧民族。但它于"五胡十六国"时期，在中原一带十分活跃，且曾于 4 世纪后期，以今河南滑县为中心，建立过"翟魏"政权。历来史书对于它们南徙及其后在中原的分布，记载不甚明确，而《敕勒与柔然》一书则对其叙述详明。书中说，自公元 91 年北匈奴西迁，漠北草原空虚，一时没有强大的政权存在，故各族牧民乘机纷纷南徙。丁零也从今贝加尔湖一带南下，有的部落可能已到达今色楞格河中游一带。但丁零的向南移徙，很快就被公元 2 世纪兴起的鲜卑部落军事大联盟所阻。史载东汉桓帝时，鲜卑首领檀石槐统一漠北，建立起一个庞大的部落军事大联盟，"南钞汉边，北拒丁零"。及至灵帝光和中（181）檀石槐死，鲜卑部落军事大联盟瓦解，虽不久另一个首领轲比能重建一个军事大联盟，但魏明帝青龙三年（235）轲比能被刺杀后，鲜卑的军事大联盟便彻底瓦解了。从此鲜卑"种落离散，互相侵伐，强者远遁，弱者请服"。于是丁零又重新大规模南下。到了 4 世纪初，他们由贝加尔湖南部逐渐迁徙到漠北草原的中心——今鄂尔浑河、土拉河西北一带。其余留在贝加尔湖东游牧的丁零人，后来史书称他们为"东部高车"。到了 4 世纪中叶，大部分丁零人均已深入漠北草原地区及漠南、黄河流域等地。

书中根据南迁后丁零的分布情况，大致把他们划分为三个聚居区：一是长城以北,从黄河河套,经阴山,一直到代郡(北魏治今山西大同)之北的广大地区;二是陇西、秦、凉一带;三是今河北、山西、河南一带。这一部分分布极广,主要以代郡、中山(治今河北定县)、常山(治今河北石家庄)和西山(今太行山)为中心。当时的"翟魏"政权就建立在今河南滑县一带。

丁零翟氏建立的"翟魏"政权,从公元383年翟斌起兵反抗前秦起,至388年翟辽正式建国,至392年灭亡,前后约九年。《晋书·慕容垂载记》说,翟魏所统,计有七郡,户三万八千。这七郡就是荥阳、顿丘、贵乡之一部,黎阳、陈留、济阴、濮阳的西半部。书中总结了翟魏的兴亡,说:"翟魏坐后燕与东晋两强之间,为了扩展势力,从北面进攻后燕,向南又伐东晋,两面树敌,自然是不能支持长久的。但是,从所占的地区之广、人口之众,翟魏无疑在十六国之外,要算是一个比较大的政权了。"

书中最后交代了"翟魏"政权覆亡后,到5世纪,这部分丁零处于北魏王朝的统治之下的情况和分布地区,以及他们在北魏后绝大部分融合于汉族的历史。

二

南北朝时期丁零之留居漠北者,北朝人(包括塞外鲜卑及柔然等)称它为敕勒或高车,南方人(南朝的汉人)则仍称它为丁零。

敕勒各部,在4世纪初,除入居内地者外,主要分布在漠北今贝加尔湖、土拉河流域及塞北地区。60年代后,拓跋鲜卑兴起,建立了"代"政权,漠南及阴山南北的敕勒各部全被征服。至80年代拓跋珪建北魏王朝之后,对周围的各部落进行了一系列的掠夺战争。居住在大漠南北的敕勒就是北魏进行掠夺和征服的主要对象之一。据史籍所载,从公元389—429年之间,北魏发动对敕勒的战争及敕勒部落归附北魏的事件,主要有九次。其中429年一次,北魏太武帝拓跋焘向漠北的柔然大举进攻,柔然统治者逃遁后,高车(敕勒)各部降魏者三十余万人。以后拓跋焘又派兵进攻游牧于贝加尔湖一带的"东部高车"，高车诸部降附者又数十万。先后合计不下六七十万人。北魏将这六七十万归降的高车人皆徙之于漠南"东至濡源，西暨五原、阴山"纵横三千里的地区，而遗留在漠北草原的其余高车各部，则被5世纪初兴起的柔然族所役属。

漠北的高车虽然有六七十万人被北魏迁往漠南，但留在漠北的高车人仍然不少。这些被柔然统治者役属的高车部落，除了定期向柔然统治者缴纳贡赋外，还要参加他们发动的掠夺战争。因此高车人对柔然统治者经常侵入北魏边境十分不满。公元487年，柔然可汗豆仑再次进扰北魏边境，高车副伏罗部的首领阿伏至罗等不愿再充当柔然统治者的炮灰，企图劝止豆仑，但豆仑不从。于是阿伏至罗及其从弟穷奇率领十万余落（户）向西迁徙，脱离柔然的控制而独立，在车师前部（今新疆吐鲁番雅尔和屯一带）西北建立了一个"高车国"。

我国史书对于"高车国"记载很少，《魏书·高车传》亦仅有简略的记载，说阿伏至罗从柔然分离之后，"自立为王，国人号之曰'候娄匐勒'，犹魏言大天子也；穷奇号'候倍'，犹魏言储主也。二人和穆，分部而立，阿伏至罗居北，穷奇居南"，仅此而已。《敕勒与柔然》一书根据散见于其他文献的资料，论证了高车国内可能是以副伏罗部为主，包括一些其他种姓的高车部分在内。至于高车国的政治组织，除有大天子、储主外，书中认为可能还仿照柔然的官制，因为《高车传》有"莫何去汾"等官职。高车国是否已经形成为正式的国家，书中认为"目前还难下结论"。书中还根据魏凉州刺史袁翻的一份奏折曾说"高车士马虽众，主甚愚弱，上不制下，下不奉上，唯以掠盗为资、陵夺为业"的情况，认定"高车国事实上不过处于由军事部落联盟向早期国家过渡的阶段"而已。

公元487年副伏罗部西迁时，柔然可汗豆仑曾发兵西讨，追至大漠西部。以后柔然与高车国之间不断进行战争，北朝史籍对于双方初期的战争记载十分简略，而且互相矛盾。书中根据《南齐书·芮芮虏传》及《梁书·西北诸戎传》等的记载，订正和补充了《魏书》记载的谬误和不足，因而把高车国与柔然初期战争的情况缕出一个头绪。接着，作者根据现有的资料，对高车国与柔然、嚈哒、北魏的关系做了系统的叙述。特别是高车国与柔然长期的战争，使双方都因此而衰落的历史，做了具体的论述和分析。最后总结说：高车副伏罗部自公元487年立国，至541年被柔然所灭，前后计存五十四年，共七主。由于它建立在今新疆北部，地当中亚交通要冲，自然成为柔然、嚈哒、北魏争夺的对象，故战争频繁，而最终招致覆灭。"高车国对西域地区产生过较大的影响，引起了高昌、鄯善等地人民的迁徙。它的势力曾一度到达新疆东部，这可算是历史上属突厥语族的民族最早进入西域并产生影响的重大事件。"

以上这些论述，都是国内已出版的史书中很少接触或语焉不详的。

三

柔然，《魏书》作"蠕蠕"，有些史书亦作"芮芮"、"茹茹"或"蝚蠕"。柔然于公元4世纪末兴起于大漠南北，其族源出自东胡。首领社仑时，征服了漠北诸部，势力开始强大起来，402年自称丘豆伐可汗，建汗庭于今蒙古国鄂尔浑河东侧，建立起一个庞大的奴隶制的柔然汗国，控地"其西则焉耆之北，东则朝鲜故地之西"，"北则渡沙漠，穷瀚海，南则临大碛"。至552年被突厥击溃，555年灭亡。

在中国古代北方游牧民族中，各族内部和部落联盟（或国家）内部的部族构成都相当复杂，如不能把它弄清，就很难深入了解各民族的面貌及各族分、合、聚、散的具体情况。然而文献资料对于这方面的记载往往极其缺乏，片鳞只爪，甚或有如凤毛麟角，因此研究起来十分困难。拓跋鲜卑族内及其领导下的部落联盟内的部族构成，《魏书·官氏志》已有记载，故研究起来比较容易。而柔然则不同。柔然族及其建立的柔然汗国，其内部部族构成也是很复杂的，但文献资料对此却没有如《魏书·官氏志》那样集中的详细记载，因此探究它的部族构成，是研究柔然史的难题之一。

《敕勒与柔然》一书在这方面的探索却广泛而又深入。它从零散的史料中，经过"沙里淘金"，共考订出三十七个部和五十个姓所代表的氏族或部落，从而把柔然族内及柔然汗国内的部族构成，描绘出一个清晰的轮廓。

其中：

1. 属于柔然的氏族和部落计有：（1）郁久闾氏；（2）俟吕邻氏；（3）尔绵氏；（4）纥突邻部；（5）阿伏干氏；（6）纥奚部；（7）肺渥氏。

2. 属于东胡鲜卑的氏族和部落计有：（1）拓跋鲜卑：拓跋氏；丘敦氏；无卢真氏。（2）吐谷浑：树洛干氏；尉迟氏；谷浑氏；匹娄氏；勿地延氏。（3）东部鲜卑：莫那娄氏；叱豆浑氏；库褥官氏；温盆氏；树黎氏。（4）乌洛侯。（5）譬历辰部。

3. 属于敕勒（高车）的氏族和部落计有：（1）乙旃氏；（2）斛律部（氏）；（3）副伏罗部（氏）；（4）达簿干氏；（5）屋引氏；（6）他莫孤氏；（7）奇斤氏；（8）泣伏利氏；（9）石洛侯；（10）东部高车。

4. 属于匈奴余部的氏族和部落计有：（1）拔也稽部；（2）贺术也骨部；（3）乌洛兰氏。

5. 属于突厥的氏族计有阿史那氏。

6. 属于西域的姓氏和氏族计有：（1）龙氏；（2）高羔子；（3）希利垔、邢基祇罗回；（4）侯医垔。

7. 属于汉族的姓氏：柔然内部还有一些汉族，见于记载者大多为佛教徒。

书中在考出上述三十七个部（氏）和五十个姓的族属后，总结说：

1. 柔然是由于许多不同的氏族和部落组成的，其民族成分十分复杂。但在上述众多的氏族和部落中，柔然本族与东胡鲜卑的占绝大多数，这和柔然属于东胡鲜卑的族系是完全吻合的。因此研究柔然内部的部族构成，有助于探明柔然的族源族属。

2. 在多氏族多部落的柔然汗国中，由于各个氏族和部落的相互错居和通婚，使一部分原来属于他族的氏族和部落逐渐融合到柔然部族之中，例如原属敕勒族的达簿干氏、奇斤氏，原属鲜卑族的阿伏干氏、纥奚氏，及原属匈奴族的拔也稽部，到了后来，史书竟称这些原非柔然本族的他族氏族和部落为柔然人了。

书中论述柔然的这种民族融合的情况，有助于加深了解匈奴与鲜卑的融合及蒙古各部的融合。公元91年北匈奴被东汉政府击败后，主力西迁，鲜卑因此转徙占据其地，匈奴余部遗留下来的尚有十余万落（户）计数十万人加入了鲜卑,从此"皆自号鲜卑兵",不再称匈奴了(见《后汉书·鲜卑传》及《三国志·魏书·鲜卑传》)。又如公元 2 世纪时,原属于匈奴的宇文部东迁,统治了辽西外西拉木伦河上游的鲜卑人,后来加入了檀石槐所建立的鲜卑部落军事大联盟,以后逐渐鲜卑化,遂演变为宇文鲜卑(见《魏书·宇文莫槐传》)。此外,还有一部分散处漠北各地的北匈奴残留部落,在拓跋鲜卑的祖先由草原的东北角大鲜卑山西移及后来南迁的过程中,与鲜卑人互相错居杂处和通婚,因此出现了匈奴父鲜卑母的铁弗(或称"铁弗匈奴")及鲜卑父匈奴母的拓跋(或称"拓跋鲜卑")。故拓跋鲜卑之名是后起的,是匈奴与鲜卑融合的结果(见《魏书·铁弗刘虎传》)。

在 12 世纪末兴起的蒙古族也有这种类似的民族融合的情况。14 世纪伊儿汗国的史学家拉施特,在他的名著《史集》卷 1 中说过:

> ……正象现今的塔塔儿人、札剌亦儿人、斡亦剌人、汪古人、唐古人等各种非蒙古的部落,均仰赖成吉思汗及其氏族的"洪福"才成了蒙古人。这些人原来都是各自具有一定的名字和称谓,但如今为了自我夸耀起见,也都自称为蒙古人,尽管他们原先并不承认"蒙古"这个名字。这样,他们现今的后裔便以为他们自古以来就是属于"蒙古人"的名下,并以"蒙古"之名见称。其实并非如此,因为古时的蒙古人只不过是许多草原部落中的一个部落而已。

3. 由于柔然内部的氏族和部落极为复杂,因此柔然汗国经常遭到被柔然贵族奴役的其他氏族和部落的反抗,内部阶级矛盾和民族矛盾十分尖锐,反抗斗争不断掀起,这曾是造成柔然汗国趋向衰弱和最终灭亡的主要原因。公元 552 年柔然汗国终于被它役属的"锻奴"突厥所击溃,旋即灭亡。

四

《敕勒与柔然》一书虽然篇幅不多,但涉及的范围较广。在"敕勒篇"

中，除了论述敕勒的称谓、起源及其向黄河流域的发展外，还论述了南北朝时期敕勒的居地、种姓、部落和社会情况，高车国与柔然、北魏等的关系，北朝统治下的丁零与敕勒及丁零与敕勒的反抗斗争。在"柔然篇"中，除了论述柔然的族源、兴起、建国及其内部的氏族、部落构成外，还论述了柔然的盛衰及其与中原王朝（北魏和南朝）的关系，柔然的政治制度、社会经济和意识形态，最后还论述了柔然汗国灭亡后在北魏统治下的柔然人。而全书的重点则在于：

1. 说明翟魏、高车国及柔然汗国在中国历史中的地位和作用，指出敕勒所建的翟魏、高车国及柔然在漠北所建的政权，都是我国统一多民族国家暂时分裂时形成的割据政权。这些政权不仅在政治上与内地政权有一定的臣属关系，而且在经济文化上也都有不可分割的关系。这种情况的产生，自有其一定的历史原因，但随着历史的向前运动，又必然导致隋唐大一统局面的出现。

2. 说明我国古代各族的迁徙、斗争与民族融合。由于当时有数十万漠北的敕勒人和柔然人，因各族统治者之间的互相战争或其他原因，分别迁徙到漠南或内地，在北方各族政权统治者的压迫剥削下进行反抗，在历史上写下了光辉的一页。同时，他们当中有很大一部分因与内地的汉人或汉化了的鲜卑人错居杂处，最后都同化到汉族之中。

通过书中的这段论述，可以看出，历史上各民族之间的迁徙、杂居和斗争，最后必然会趋向各民族之间的同化（通常也称作融会。"同化"与"融会"这两个概念的含义是否同一，学术界的意见当不一致，这里不做详论）。所谓同化，其实就是处于较低的生产方式、较低的社会经济文化的民族，被吸收和被提高到较高的生产方式、较高的社会经济文化的民族的行列。这是人类社会的进步现象。故革命导师列宁只反对强迫同化，并不反对自然同化。因为自然同化是历史发展的法则，是无法抗拒的。同时，有些统治民族，例如拓跋鲜卑，为了适应被统治的中原广大农业地区和众多的农业人口的需要，在 5 世纪后期，甚至主动采取汉化的措施。因此敕勒人与柔然人的汉化，在很大程度上是随同拓跋鲜卑的主动汉化而被汉化的。而拓跋鲜卑之所以主动汉化，归根究底，仍是取决于生产方式，取决于社会经济文化。正如革命导师恩格斯所说：

> 每一次由比较野蛮的民族所进行的征服，不言而喻地都阻碍了经济的发展，摧毁了大批的生产力。但是在长时期的征服中，比较野蛮的征服者，在绝大多数情况下，都不得不适应征服后存在的比较高的"经济情况"；他们为被征服者所同化，而且大部分甚至还不得不采用被征服者的语言。[1]

征服者尚且如此，被征服者就更不用说了。

3. 说明敕勒与柔然及其所建立的政权对我国西北及中亚均曾产生过巨大的影响。例如高车国一度控制了高昌、焉耆、鄯善等地，引起了当地人民的迁徙。而大批的敕勒人之入居漠南和内地，不单纯是参与了中原的政治斗争，同时也参加了漠南和内地社会经济的开发。至于柔然汗国，因为它存在了一百五十年（402—555），时间较长，实力雄厚，因而对北方以至中亚的影响更大。柔然汗国继承了漠北地区自匈奴、鲜卑以来的政治、经济、文化的传统，并吸收了中原地区的先进文化，把我国漠北地区的历史发展向前推进了一步。柔然的一些政治制度，为以后继起于我国西北及中亚的突厥所继承；蒙古草原佛教的传播，也是先从柔然时代开始的。柔然对居住于我国西北和中亚的嚈哒、乌孙、大月氏等的进攻和压迫，迫使他们南移或西迁，其影响所及，更远达中亚、波斯及东欧。

总的来说，全书以马列主义、毛泽东思想为理论指导，对敕勒与柔然二族的社会经济基础、政治上层建筑和意识形态都有所论述，可以说是一本比较全面地论述敕勒与柔然二族的民族面貌和社会面貌的史书。

（原载《西北大学学报》1984 年第 1 期）

---

[1]　中共中央马恩列斯著作编译局译：《反杜林论》，人民出版社 1970 年版，第 180 页。

主要参考文献

一、文献古籍

（汉）刘安编撰：《淮南子》，道藏本。

（北魏）郦道元撰：《水经注》，光绪二十三年新化三味书室印《合校水经注》本。

（北魏）杨衒之撰：《洛阳伽蓝记》，上海古籍出版社 1958 年范祥雍校注本。

（梁）沈约撰：《宋书》，中华书局 1974 年点校本。

（梁）萧子显撰：《南齐书》，中华书局 1972 年点校本。

（梁）慧皎撰：《高僧传》，光绪十年金陵刻经本。

（北齐）魏收撰：《魏书》，中华书局 1974 年点校本。

（北齐）颜之推：《颜氏家训》，文津阁《四库全书》本。

（北周）庾信撰：《庾子山集》，四部丛刊本。

（隋）费长房撰：《历代三宝记》，大正藏版。

（唐）房玄龄等撰：《晋书》，中华书局 1974 年点校本。

（唐）姚思廉撰：《梁书》，中华书局 1973 年点校本。

（唐）李百药撰：《北齐书》，中华书局 1972 年点校本。

（唐）令狐德棻等撰：《周书》，中华书局 1971 年点校本。

（唐）李延寿撰：《北史》，中华书局 1974 年点校本。

（唐）李延寿撰：《南史》，中华书局 1975 年点校本。

（唐）魏徵等撰：《隋书》，中华书局 1973 年点校本。

（唐）杜佑撰：《通典》，中华书局 1982 年影印商务印书馆万有文库十通本。

（唐）林宝撰：《元和姓纂》，清光绪六年金陵书局校刻本。

（唐）李吉甫撰：《元和郡县图志》，中华书局 1983 年版。

（唐）许嵩：《建康实录》，清光绪甘氏刊本。

（唐）道宣撰：《续高僧传》，光绪十六年江北刻经本。

（唐）玄奘撰：《大唐西域记》，上海人民出版社 1977 年点校本。

（后晋）刘昫等撰：《旧唐书》，中华书局 1975 年点校本。

（辽）胡峤：《陷虏记》，说郛本。

（宋）欧阳修、宋祁撰：《新唐书》，中华书局 1975 年点校本。

（宋）欧阳修撰：《新五代史》，中华书局 1974 年点校本。

（宋）王溥撰：《唐会要》，中华书局 1955 年重印国学丛书本。

（宋）司马光编著，（元）胡三省音注：《资治通鉴》，中华书局 1976 年标点本。

（宋）司马光撰：《稽古录》，四部丛刊本。

（宋）李昉等编：《文苑英华》，中华书局 1966 年影印本。

（宋）乐史撰：《太平寰宇记》，清嘉庆年间刻本。

（宋）李昉等撰：《太平御览》，商务印书馆影印四部丛刊本。

（宋）王钦若等编：《册府元龟》，中华书局 1960 年影印本。

（宋）赞宁撰，范祥雍点校：《宋高僧传》，中华书局 1987 年版。

（宋）洪迈：《容斋随笔》，四库全书本。

（宋）郑樵撰：《通志》，商务印书馆万有文库十通本。

（元）耶律铸：《双溪醉隐集》，四库全书本。

（明）宋濂等撰：《元史》，中华书局 1976 年点校本。

（清）董诰等编：《全唐文》，中华书局 1983 年影印本。

（清）彭定求等编：《全唐诗》，中华书局 1960 年版。

（清）徐松辑：《宋会要辑稿》，中华书局 1957 年复制重印本。

（清）张澍撰：《二酉堂丛书》，道光元年二酉堂刊。

（清）王昶撰：《金石萃编》，光绪癸巳（1893）鸿宝斋石印本。

（清）吴士鉴撰：《晋书斠注》，嘉业堂刊本。

（清）洪亮吉撰：《十六国疆域志》，国学基本丛书本。

（清）钱大昕撰：《廿二史考异》，丛书集成本。

（清）何秋涛撰：《王会篇笺释》，清光绪辛卯江苏书局刊本。

（清）顾炎武撰：《日知录》，万有文库本。

（清）王鸣盛撰：《十七史商榷》，中华书局 1980 年版。

（清）顾祖禹撰：《读史方舆纪要》，万有文库本。

（清）张穆撰：《蒙古游牧记》，中华书局 1983 年影印本。

（清）王树枏撰：《新疆访古录》，1923 年线装本。

（清）王树枏撰：《新疆图志》，清宣统三年木活字版。

二、研究著作

丁谦：《魏书蠕蠕传考证》，浙江图书馆丛书（蓬莱轩地理学丛书），浙江图书馆 1915 年校刊本。

冯承钧：《历代求法翻经录》，商务印书馆 1931 年版。

吕思勉：《中国民族史》，世界书局 1934 年版。

陈毅：《魏书官氏志疏证》，《二十五史补编》第四册，开明书店 1937 年版。

周振鹤：《青海》，商务印书馆 1939 年再版。

张维：《陇右金石录》，甘肃省文献征集委员会 1943 年校印本。

张维：《陇右金石录补》，甘肃省文献征集委员会 1943 年校印本。

吕思勉：《两晋南北朝史》，开明书店 1948 年版。

黄文弼：《高昌砖集》，1951 年修订版。

马长寿：《中国兄弟民族史》，1951 年，打印本讲义。

黄文弼：《吐鲁番考古记》，科学出版社 1954 年版。

唐长孺：《魏晋南北朝史论丛》，生活·读书·新知三联书店 1955 年版。

马克思：《资本主义生产以前各形态》，人民出版社 1956 年版。

赵万里：《汉魏南北朝墓志集释》，科学出版社 1956 年版。

马长寿：《突厥人和突厥汗国》，上海人民出版社 1957 年版。

岑仲勉：《突厥集史》上下册，中华书局 1958 年版。

王国维：《观堂集林》，中华书局 1959 年版。

丁福保编：《全汉三国晋南北朝诗·全北魏诗》，中华书局 1959 年版。

夏鼐：《考古学论文集》，科学出版社 1961 年版。

姚薇元：《北朝胡姓考》，中华书局 1962 年版。

马长寿：《乌桓与鲜卑》，上海人民出版社 1962 年版。

中国科学院历史研究所史料编纂组：《柔然资料辑录》，中华书局 1962 年版。

马长寿：《北狄与匈奴》，生活·读书·新知三联书店 1962 年版。

周一良：《魏晋南北朝史论集》，中华书局 1963 年版。

缪钺：《读史存稿》，生活·读书·新知三联书店 1963 年版。

范文澜：《中国通史简编》修订本，人民出版社 1964 年版。

《马克思恩格斯选集》，人民出版社 1972 年版。

山西省文物工作委员会、山西云冈石窟文物保管所编：《云冈石窟》，文物出版社 1977 年版。

内蒙古自治区蒙古语言文学历史研究所历史研究室、内蒙古大学蒙古历史研究室编：《中国古代北方各族简史》，内蒙古人民出版社 1977 年版。

林幹：《匈奴史》，内蒙古人民出版社 1979 年版。

张星烺：《中西交通史料汇编》，中华书局 1979 年版。

王仲荦：《魏晋南北朝史》，上海人民出版社 1980 年版。

陈垣：《陈垣学术论文集》第一集，中华书局 1980 年版。

王仲荦：《北周地理志》，中华书局 1980 年版。

中国佛教协会编：《中国佛教》，知识出版社 1980 年版。

中国社会科学院历史研究所编：《魏晋隋唐史论集》第 1 辑，中国社会科学出版社 1981 年版。

国家文物局古文献研究室等编：《吐鲁番出土文书》第 1—5 册，文物出版社 1981—1983 年版。

三、论文

王日蔚：《丁零民族史》，《史学集刊》1936 年第 2 期。

冯家昇：《蠕蠕国号考》，《禹贡》第七卷，1937 年第八九合期。

周一良：《论宇文周之种族》，《历史语言研究所集刊》1938 年第 7 本第 4 分册。

冯承钧：《高车之西徙与车师鄯善国人之分散》，《辅仁学志》1942 年第 11 卷第 1、2 合期。

谭其骧：《记翟魏始末》，《益世报》1942 年 12 月 17 日《文史副刊》第 22 期。

朱师辙：《北魏六镇考辨》，《辅仁学志》1943 年第 12 卷第 1、2 合期。

周一良：《北朝的民族问题与民族政策》，《燕京学报》1950 年第 39 期。

马长寿：《论匈奴部落国家的奴隶制》，《历史研究》1954 年第 5 期。

周连宽：《丁零的人种和语言及其与漠北诸族的关系》，《中山大学学报》1957 年第 2 期。

张郁：《内蒙古大青山后东汉北魏古城遗址调查记》，《考古通讯》1958 年第 3 期。

山西省文物管理委员会：《山西石楼县二郎坡出土商周铜器》，《文物参考资料》1958 年第 1 期。

金维诺：《"职贡图"的时代与作者 —— 读画札记》，《文物》1960 年第 7 期。

岑仲勉：《六镇余谭》，《中外史地考证》上册，中华书局 1962 年版。

盖山林：《内蒙古伊盟准格尔旗石子湾古城调查》，《考古》1965 年第 8 期。

吴振录：《保德县新发现的殷代青铜器》，《文物》1972 年第 4 期。

沈振中：《忻县连寺沟出土的青铜器》，《文物》1972 年第 4 期。

黑光、朱捷元：《陕西绥德墕头村发现一批窖藏商代铜器》，《文物》1975 年第 2 期。

宿白：《东北、内蒙古地区的鲜卑遗迹 —— 鲜卑遗迹辑录之一》，《文物》1977 年第 5 期。

周伟洲：《甘肃张家川出土北魏〈王真保墓志〉试析》，《四川大学学报》1978 年第 3 期。

新疆博物馆考古队：《吐鲁番哈喇和卓古墓群发掘简报》，《文物》1978 年第 6 期。

唐长孺：《从吐鲁番出土文书中所见的高昌郡县行政制度》，《文物》1978 年第 6 期。

留金锁：《古代蒙古及蒙古帝国的建立》，《蒙古史文稿》1978 年第 2 期。

米文平：《大兴安岭北部发现鲜卑石室遗址》，《光明日报》1980 年 11 月 25 日。

周伟洲：《关于云岗石窟的〈茹茹造像铭记〉—— 兼谈柔然的名号问题》，《西北大学学报》1983 年第 1 期。

四、外文论著（包括译著）

白鸟庫吉：《匈奴起源考》，《史學雜誌》1923 年第 18 期。

波罗夫卡：《土拉河流域的考古探查》，科兹洛夫编：《蒙古西藏考察队北蒙古调查探险报告》第 2 卷，列宁格勒，1927 年。

白鸟库吉撰，方壮猷译：《东胡民族考》，商务印书馆 1934 年版。

巴克尔（Parker, E. H.）：《鞑靼千年史》，中译本，1937 年。

志田不動麿：《敕勒の内徙に就いて》，《蒙古學》第壹冊，善隣協會發行，1937 年。

小沼勝衛編：《東洋文化史大系》第二卷《漢魏六朝時代》，誠文堂新光社 1938 年版。

小野川秀美：《鐵勒の一考察》，《東洋史研究》1940 年第 5 卷第 2 號。

山崎宏：《北朝、隋唐時代の柔然、突厥佛教》，《史潮》1942 年第 4 號。

阿尔茨霍夫斯基：《考古学通论》，中译本，科学出版社 1956 年版。

豪西希：《欧洲阿哇尔源出中亚的有关史料》，《中亚杂志》1956 年第 2 期。

伯希和撰，冯承钧译：《中亚史地译丛》，《西域南海史地考证译丛二编》，中华书局 1956 年版。

吉谢列夫：《蒙古的古代城市》，《苏联考古学》1957 年第 2 期，中译文《史学译丛》1957 年第 6 期。

和·普尔赉：《匈奴三城的遗址》（新蒙文），乌兰巴托科学委员会，1957 年。

麦高文著，章巽译：《中亚古国史》，中华书局 1958 年版。

苏联科学院、蒙古人民共和国科学委员会编：《蒙古人民共和国通史》中译本，科学出版社 1958 年版。

小川環樹：《敕勒の歌 —— その原語と文学史的意義》，《東方學》1959 年第 18 辑。

奥克拉德尼科夫：《西伯利亚考古三百年及其今日》，《西伯利亚和远东历史问题论文集》，1961 年。

伯希和撰，冯承钧译：《汉译突厥名称之起源》，《西域南海史地考证译丛二编》，商务印书馆 1962 年版。

鲁金科 С. И.：《匈奴的文化和诺颜乌拉的墓葬》，莫斯科列宁格勒，1962 年。

榎一雄：《滑国に関する梁職貢図の記事について》，《東方學》1964 年第 27 辑。

奥克拉德尼科夫：《西伯利亚考古学——昨天、今天和明天》，《历史问题》1968 年第 5 期。

松田壽男：《古代天山の歴史地理學的研究》，早稻田大學出版部 1970 年增補版。

藤田豐八：《東西交涉史の研究》下篇"西域篇"，國書刊行会 1974 年版。

内田吟風：《北アジア史研究——鮮卑柔然突厥篇》，同朋舍 1975 年版。

吉谢列夫著，中国社会科学院考古研究所图书资料室译：《南西伯利亚古代史》，新疆人民出版社 1981 年版。

索　引